_____ 드림

아빠의
자존감이
아이의
자존감을
높인다

아빠의 자존감이 아이의 자존감을 높인다

초판 1쇄 인쇄 2014년 8월 28일
초판 1쇄 발행 2014년 9월 4일

지은이 이수연

발행인 장상진
발행처 (주)경향비피
등록번호 제2012-000228호
등록일자 2012년 7월 2일

주소 서울시 영등포구 양평동 2가 37-1번지 동아프라임밸리 507-508호
전화 1644-5613 | **팩스** 02) 304-5613

저작권자 ⓒ 이수연

ISBN 978-89-6952-035-7 13370

· 값은 표지에 있습니다.
· 파본은 구입하신 서점에서 바꿔드립니다.

아이의 잠재력을 발견하고 키워주는 아빠 육아의 비밀

이수연 지음

아빠의 자존감이 아이의 자존감을 높인다

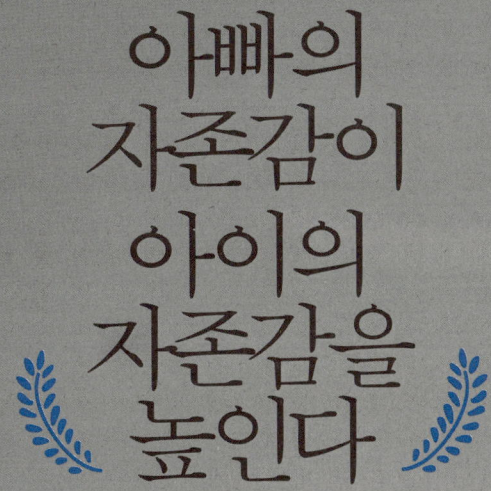

경향BP

프롤로그

'남편', '아빠'라는 이름으로 살고 있는 수많은 남자들이 안쓰럽고 불쌍할 때가 많다. 특히 죽어라 일한 대가로 받은 월급을 고스란히 아내에게 바치면서도 큰소리 한 번 제대로 못 치고 기죽어 사는 남편들을 볼 때면 가슴이 먹먹하고 코끝이 시큰거린다.

실제로 많은 가정을 보면 아내들이 주도권을 가지고 있다. 살림은 말할 것도 없고 자녀 교육, 물건 구입, 주말 스케줄까지 모두 아내의 손을 거친다. 남편들이 가정에서 할 일은 그저 열심히 돈 벌어다주고, 주말에 몸으로 봉사하는 것 외에는 그다지 많지 않다. 문제는 최선을 다함에도 불구하고 잔소리와 비난이 옵션으로 따라오는 것이다.

실제로 남성들에게 아내에게 들은 최근 칭찬을 말해 보라고 하면 10명 중 9명은 "들어본 적이 없다."고 말한다. 아내들에게 남편을 언제 칭찬했는지 물어도 비슷한 대답이 나온다. "기억이 잘…." 남자들은 폼에 살고 폼에 죽으며 인정받고 싶은 욕구가 강하다. 인정 욕구를 채워줘야 아내들이 그토록 바라는 '알아서' 움직이는 남자가 된다.

10년째 결혼 생활을 해 보니 '남자는 여자하기 나름이다!'라는 말이 정말 진리임을 깨닫게 된다. 남편을 자상하고 좋은 남편이자 아빠로 만들고 싶으면 여자들의 지혜가 절대적으로 필요하다. 하지만 그게 생각만큼 쉽지 않다. 집에 오면 쉬려고만 하고, "애들과 어떻게 놀아줘야 하는지 모르겠어."라고 말하면서 배우려고 노력하지 않으며, 제대로 놀아주지도 않으면서 조그만 실수에 화부터 내는 남편의 모습들을 보면 속사포 같은 잔소리들을 쏟아내게 되기 때문이다.

책을 작업하는 초반, 남편과 크고 작은 다툼이 몇 차례 있었다. 소위 프랜디라고 불리는 아빠들을 직접 만나 인터뷰하고 자료 속에서 만난 훌륭한 아빠들의 사례들을 접하다 보니 남편의 부족한 점만 눈에 들어와 나도 모르게 히스테리를 부렸기 때문이다. 시간이 갈수록 남편을 있는 그대로 인정하게 됐지만 '지혜로운 아내', '자상한 남편', '좋은 엄마와 아빠'가 되는 일은 부단한 노력이 필요함을 다시금 깨달았다. 그리고 '비교'는 역시 불행의 시작임을 온몸으로 체득했다.

6년 동안 수많은 사람들을 만나 교육하고 상담한 사례와 해결책이 녹아 있는 이 책이 부디 초보 엄마, 아빠들에게 지혜와 '할 수 있다'는 자신감을 심어줄 수 있기를 희망한다. 더불어 좋은 엄마, 아빠가 되려고 노력하기 전에 먼저 좋은 남편이자 아내가 되어야 함을, 행복한 가정의 중심은 자녀가 아닌 '부부'임을 깨닫기를 바래본다.

오랜 시간 기다려준 경향미디어와 책을 작업하는 동안 아내의 히스테리를 받아주고 주말마다 두 아들을 책임져준 남편, 마지막으로 "우리 엄마는 한국워킹맘연구소 소장이다."며 늘 뿌듯해하는 두 아들 시완, 재완이에게 진심으로 감사함을 전한다.

한국워킹맘연구소 소장 이수연

존재감 있는 남편&아빠 체크 리스트

지금 나는 가족에게 어떤 남편이자 아빠일까?
- [ ] 아내와의 스킨십이 자연스럽다.
- [ ] 아이보다 아내를 먼저 챙기기 위해 노력한다.
- [ ] 아내가 좋아하고 싫어하는 말과 행동을 정확히 알고 있다.
- [ ] 부부가 함께 하는 취미나 운동이 있다.
- [ ] 가사 및 육아는 부부가 당연히 함께 해야 할 일이라고 생각한다.
- [ ] 퇴근 후 집에 들어가면 가족들이 반갑게 맞이한다.
- [ ] 나만의 스트레스 해결법이 있다.
- [ ] 내 감정을 언어로써 표현할 수 있다.
- [ ] 아이가 독립적으로 클 때까지는 술자리나 개인 취미생활보다는 가정이 우선이다.
- [ ] 주말은 가급적 가족과 보낸다.
- [ ] 정기적으로 온 가족이 모여 식사를 한다.
- [ ] 아이가 아빠를 자주 찾으며 수시로 품에 안긴다.
- [ ] 반나절 이상은 혼자 아이를 돌볼 수 있다.
- [ ] 목욕시키기, 책 읽어주기 등 한 가지 정도 꾸준히 하는 것이 있다.
- [ ] 아이가 울어도 그다지 당황스럽진 않다.

☐ 좋은 아빠가 되기 위해 놀이법이나 육아법에 대해서 공부한다.
☐ 아이의 적성을 발견하고 키워주기 위해 노력한다.

1~4개, 존재감 제로: "집에 가면 외롭지 않으세요?"

회사에서는 능력 있는 직원일지 모르지만 집에서는 그다지 환영받지 못하고 있네요. 퇴근 후 집에 들어갔을 때 아무도 반겨주지 않는다고 서운해만 하지 마시고 왜 가족들이 반가워하지 않는지 진지하게 고민할 때인 것 같습니다. 혹시 가족과의 시간이 술자리나 각종 비즈니스 모임 다음으로 밀려나 있진 않나요? 가족들은 아빠의 경제적인 능력과 성공보다는 함께하는 시간을 간절히 원한답니다. 그리고 아이들에게 사랑받는 아빠가 되고 싶다면 먼저 '아내'를 사랑해 보세요. 사랑의 유효 기간은 2년으로, 이후부터는 의식적인 노력이 필요하답니다. 아내와 다시 사랑에 빠지면 가정에서 인정받고 환영받는 아빠가 되는 건 시간문제랍니다. 아내가 아빠와 아이들 사이에서 사랑의 메신저 역할을 하는 것은 물론 든든한 지원자가 될 테니까요.

5~8개, 존재감 미달: "방법을 모르겠다고 방관하는 대신 공부해 보는 건 어때요?"

좋은 아빠가 되고 싶지만 쉬고 싶을 때 쉬지 못하고, 퇴근 후에도 아이랑 놀아줘야 하며, 개인 시간을 전혀 가질 수 없어 스트레스를 많이 받고 계시네요. 근데 그건 아내 역시 마찬가지예요. 아내 역시 쉬고 싶을 때 쉬지 못하고 개인 시간도 전혀 가질 수 없지요. 아이가 어느 정도 독립적으로 클 때까지는 어쩔 수 없어요. 스트레스 받아봤자 본인만 손해고 아내와도 트러블이 생길 수 있으므로 마음을 비우고 이때를 충분히 즐기기 위해 노력해 보세요. 그리고 아이와 놀고 싶은데 방법도 모르겠고 아이가 엄마만 찾아 속상하시죠? 하지만 모른다고 주저하고 머뭇거리기에는 아이와 함께 있을 수 있는 시간이 그다지 길지 않다는 것을 명심하세요. "시간이 없다!", "방법을 모르겠다!"라는 핑계 대신 적극적으로 놀이책이나 육아서를 찾아 공부하고 아빠들과의 온·오프 커뮤니티에도 참여해 보면 어떨까요? 아빠가 달라지는 순간 아이들의 표정이 바뀌고 가정에 평화도 찾아온답니다.

9~12개, 존재감 보통: "지금도 많이 노력하고 있지만 좀 더 가족에게 다가가보세요."

본인은 좋은 남편과 아빠가 되고자 노력을 많이 하고 있다고 생각하지만 정작 아내와 아이들은 다소 시큰둥해 보이네요. 아내와 육아관이 맞지 않아 트러블도 있고 아이를 예뻐하고 잘 놀아주기는 하지만 아이는 아빠에게 2% 부족함을 느끼고 있어요. 아이와 놀아줄 때 중요한 것은 양이 아니라 질입니다. 10분을 놀더라도 아이의 놀이 욕구가 충분히 충족될 때까지 집중해 보세요. 아이가 더 놀아달라고 조르는 이유는 아빠와 언제 또 놀지 몰라 불안하고, 놀이 욕구가 원하는 만큼 충족되지 않아서입니다. 그러므로 가급적 매일 정해진 시간에 몰두

해서 놀아줘보세요. 아이의 떼와 놀아달라는 요구가 현저히 줄어들 겁니다. 그리고 아내와 아이의 행동이 마음에 들지 않으면 버럭 화를 내거나 짜증을 부리지는 않는지 자신의 감정을 살펴볼 필요가 있습니다. 화가 쌓이지 않도록 평소 감정을 잘 다스리고, 아내와 아이를 있는 그대로 인정하고 사랑해주세요. 욕심을 내려놓는 순간 아빠에 대한 가족의 사랑은 더욱더 커질 것입니다.

13개 이상, 존재감 최고: "멋진 아빠이자 남편이시네요. 참 잘했어요."

많은 아내들이 남편에게 잔소리할 때 인용하는 대표적인 옆친남(옆집 친구 남편)이시네요. 멋지세요. 집에 가면 가족들의 열렬한 환호와 지지를 받고 있는 만큼 퇴근 후 발걸음도 가벼우시죠? 문이 열리면 "아빠~" 하고 뛰어와 매달리는 아이, 아빠를 먼저 차지하기 위해 아웅다웅하는 아내와 아이의 모습, 어설픈 아빠표 요리에도 엄지손가락을 치켜세우며 최고라고 해주는 가족들의 모습은 더욱더 열심히 살게 만드는 원동력이 되지요. 지금처럼 앞으로도 가족의 중심은 '부부'임을 기억해서 부부 관계의 잔고가 바닥나지 않도록 아내를 배려하고 사랑하는 멋진 남편이 되셨으면 합니다. 현재 아이에게 인기 만점인 아빠이기는 하지만 자칫 아빠를 만만하게 보아 훈육이 먹히지 않을 수 있으므로 평소 아이에게 하면 되는 것과 안 되는 것 등의 육아 원칙을 명확히 정해서 그저 친구 같은 아빠가 아닌 아빠다운 아빠가 되셨으면 합니다.

프롤로그 4
존재감 있는 남편&아빠 체크 리스트 6

PART 01 육아가 어려운 아빠, 아빠가 어려운 아이

1 위기의 아빠들: 아빠, 행복하세요? 14
2 아빠가 된 순간부터 켜진 불안 스위치 22
3 ATM 기계로 전락한 아빠 30
4 아빠의 역할이 바뀌고 있다 36
5 친구 같은 아빠의 함정 44
6 친밀감 없는 상담과 훈육은 폭력이다 51

PART 02 위기의 아빠, 존재감 있는 아빠

1 아빠 자신을 먼저 다스려라: 수신제가의 법칙 60
2 지식이 아닌 지혜를 가르쳐라: 지혜 교육의 법칙 68
3 아빠가 만드는 아빠의 존재감: 절제력의 법칙 76
4 아이와의 약속은 반드시 지켜라: 신뢰의 법칙 82
5 기본적인 예의를 가르쳐라: 예의범절의 법칙 89
6 함께 밥 먹는 시간을 정하라: 행복한 가족 밥상의 법칙 96
7 하루 10분씩 스킨십에 집중하라: 사회성의 법칙 102
8 웃음과 유머가 있는 가정을 만들어라: 웃음의 법칙 108
9 아이의 잠재성을 찾아내 이끌어라: 추진력의 법칙 115
10 먼저 좋은 남편이 되어라: 아내 우선순위의 법칙 122

엄마가 세워주는 아빠의 자존감

1 '내 남자'에서 '내 아이의 아빠'로? 130
2 남편도 때로는 울고 싶다 137
3 남편만의 의자를 마련하라 143
4 잠은 무조건 부부가 함께 자야 된다 149
5 아이까지 아빠를 미워하게 만들지 마라 156
6 남편을 육아와 가사에 초대하라 164
7 아빠에게 인사하는 법을 가르쳐라 170
8 남편이 꼭 필요한 사람임을 알려줘라 176
9 남편에게 적절한 칭찬과 보상을 해줘라 182
10 남편의 꿈을 지지하고 키워주어라 189

아빠가 만드는 가족의 자존감

1 가족의 꿈을 공유하라 196
2 우리 집만의 소통 문화를 만들어라 203
3 부부가 서로 대화하고 스킨십하는 모습을 보여라 210
4 살리는 언어 V.S. 죽이는 언어 219
5 부부 싸움, 현명하게 하자 225
6 아이를 혼내기 전 자신을 되돌아봐라 232
7 부모는 아이에게 최고의 롤 모델이다 242

PART 01

육아가 어려운 아빠, 아빠가 어려운 아이

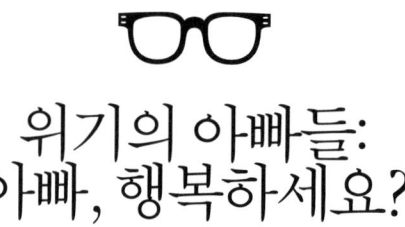

위기의 아빠들:
아빠, 행복하세요?

　기업에 찾아가 아버지학교 강의를 진행할 때마다 묻는 질문 중 하나는 "언제 가장 행복하세요?"이다.

　30~40대 남성들은 행복이라는 단어가 생소한 듯 피식 웃음을 터트리거나 행복에 대해서 한 번도 생각해 본 적이 없는 듯 고개를 갸웃거리며 속내를 드러내지는 않는다. 하지만 교육이 끝난 후 일대일 개인 상담을 해 보면 주변 사람들의 눈을 의식해 내색만 안 했을 뿐이지 대부분 속은 곪아 터져 있다.

　그들은 행복을 생각할 겨를도 없이 그저 처자식을 먹여 살려야 한다는 막중한 책임감과 경쟁 속에서 살아남아야 한다는 처절함으로 그저 하루하루 버텨내고 있었다.

이 시대 가장의 행복 기준은 '경제적 능력'

참 의외였다. 먹고 사는 것이 절박했고 오롯이 혼자 경제적 부양을 담당하느라 앞만 보고 달려야 했던 아버지 세대와 지금 30~40대 젊은 아빠들 세대는 많은 것이 달라졌음에도 여전히 '가장'으로서의 책임감과 부담감에서 벗어나지 못하고 있었다. 그들이 그럴 수밖에 없는 이유는 행복과 불행을 좌우하는 요인이 여전히 '경제적인 능력' 즉 돈이기 때문이다.

한 중앙 일간지에서 전국의 성인 1,200명을 대상으로 실시한 여론조사에 의하면 행복과 불행을 결정짓는 3대 요소로 건강, 가족, 돈이 꼽혔다.

행복을 위해 가장 필요한 것은 건강(73.5%), 가족(69.8%), 돈(65.8%), 친구(43.8%), 사랑(39.3%) 순이었던 반면 불행의 원인이 되는 것은 돈(60.3%), 건강(55.4%), 가족(24.9%), 직장(19.4%), 명예(14.6%) 순으로 나타났다.

경제적 능력이 행복에 영향을 미치는 것은 사실이나 무조건적인 행복을 보장해주지 않음에도 불구하고 배고픈 과거가 있었기에 우리는 경제적 성장만 이루면 모든 것이 해결될 것이라고 믿었다. 그러다 보니 남성을 평가하는 기준 또한 경제적 능력이 큰 비중을 차지했다.

그리고 이 같은 통념은 지금의 30~40대 젊은 아빠들에까지 영향을 미쳤다.

남성은 경제적 능력 있는 아버지 꿈꾸지만 가족은 가정적이고 자상한 아버지 원해

한국여성정책연구원이 전국 900가구를 대상으로 한 설문 조사 결과를 보면 이러한 내용이 잘 나타난다. 이상적인 아버지상을 묻는 질문에 남성들은 '경제적으로 능력 있는 아버지(28.2%)'를 첫 번째로 꼽았으며 '친구같이 지낼 수 있는 아버지(26.2%)', '가정적으로 자상한 아버지(24.3%)'가 그 뒤를 이었다. 반면 여성들과 자녀들은 '가정적으로 자상한 아버지(34.6%)'를 가장 많이 꼽았다.

아버지 세대에는 경제적 부양자로서의 역할을 하는 것만으로도 결핍된 부분들이 어느 정도 커버됐지만 지금은 사회가 변했다. 핵가족화가 됐고, 여성들의 경제 활동 참여가 늘어났으며 남성들의 육아 및 가사 참여가 중요시되고 있다.

실제로 교육과 상담을 통해 만난 많은 젊은 아빠들은 이러한 시대적 변화에 따라 자신 역시 변해야 함을 알고 있었다. 하지만 녹록지 않은 현실 앞에 곤혹스러워했다. 직장 문화가 바뀌고 있다지만 여전히 많은 기업에서 야근과 회식이 당연시되고 있고 가정에 충실한 남자는 성공에 대한 욕망이 없는 남자로 치부하는 경향이 짙기 때문이다.

30~40대 아빠들은 새로운 아버지상을 만들어야 하는 일종의 끼인 세대

안 그래도 힘든데 아빠 관련 예능 TV 프로그램에 나오는 아빠들이나 혹은 아친남(아내 친구의 남편을 지칭하는 말로 능력 있고 가정적인 아빠를 가리킨다)처럼 되라고 강요 아닌 강요를 당하니 평범한 보통 남자들은 적지 않은 스트레스를 받고 있다.

또한 어릴 적 가부장적인 어버지의 모습을 보며 "적어도 저런 아버지는 되지 않겠다."고 다짐했지만 어느 순간 아버지를 닮아가는 자신의 모습을 발견하고는 자괴감을 느낌과 동시에 '나는 과연 좋은 남편이자 아빠가 될 수 있을까' 하는 불안감을 느끼다 보니 더욱더 마음고생이 심하다.

현재 30~40대 젊은 아빠들은 자라오면서 보던 아버지 세대와 다른 새로운 아버지상을 만들어야 하는 일종의 끼인 세대이자 아버지의 권위가 가정에 영향력을 미치는 것을 온몸으로 느꼈지만 자신의 자녀에게는 권위는커녕 존재감조차 없는 현실에 적응해야 하는 세대이기도 하다. 그만큼 더 피곤하고 힘들지도 모른다.

하지만 불평만 늘어놓고 아무런 노력을 하지 않는 태도는 가족 관계를 개선하고 잃어버린 존재감을 찾으려는 데에도 역시 아무런 도움이 되지 않는다. 나의 행복을, 가정 내에서의 존재감을 찾기 위해 적극적으로 노력해야 한다. 그렇다면 어떻게 해야 나의 행복도 찾고 존재감도 찾을 수 있을까?

첫째 이제는 스스로 변해야 함을 인정하고 지금부터 시작한다

행복한 나, 다정한 남편, 좋은 아빠가 되어야 함을 가슴속 깊이 깨닫지 않는 한 '나'는 절대로 바뀌지 않는다. 어제와 똑같은 모습으로 오늘도 내일도 살 테니 말이다. 나와 가족의 행복을 '이번 프로젝트만 끝나고…', '다음 주부터…'라고 미루지 말자. 우리가 기다리던 때가 영원히 오지 않을지도 모른다. 뭐든 중요한 것은 '지금 바로'이다.

둘째 '아빠로서의 나'를 제대로 파악한다

좋은 아빠는 타고나는 게 아니라 만들어진다. 지금까지 무심하고 냉정한 아빠였다고 하더라도 지금부터 노력한다면 얼마든지 존재감 있는 아빠가 될 수 있다.

그러기 위해서는 먼저 현재 나의 모습을 제대로 파악해야 한다. 스스로 생각하는 아빠로서의 나, 아내가 생각하는 나 그리고 아이들이 생각하는 나는 모두 다를 수 있다. 직접 아내와 아이들에게 물어봐서 객관적인 아빠로서의 나를 파악해 보자. 나를 제대로 알아야 부족한 점이 파악되고 개선 계획도 세울 수 있다.

셋째 매일 10분간 부부 대화를 한다

부부 사이가 좋으면 정서적인 피로감이 줄어든다. 아무리 바쁘고 피곤하더라도 아내와 최소 10분은 눈을 마주 보고 하루 일상을 공유하자. 아내와 마주 보고 대화하는 일 자체가 부부를 친밀감 있게 만들며, 아내의 사랑 통장에 차곡차곡 애정 마일리지를 쌓는 힘이 된다.

넷째 감정을 말이나 글로 표현하는 연습을 한다

남편들이 아내와의 말싸움에서 밀리는 이유는 머릿속에 있는 무수히 많은 말들을 제대로 표현하지 못하기 때문이다. 내 생각, 내 느낌, 내 감정을 말이나 글로 표현하는 것도 자꾸 연습을 해야 한다. 아내와 입만 열만 싸우고, 아이들과 있으면 할 말이 없어지는 가장 주된 이유는 감정 표현의 미숙함 때문이다. 좋으면 "좋다.", 속상하면 "속상하다.", 외로우면 "외롭다."라고 표현할 수 있을 때 내 안의 미숙하고 겁많은 나도 한 단계 성장할 수 있다.

다섯째 한계를 정하지 말자

나는 '이런 사람이다'라고 스스로 단정 짓지 말자. 내 안에는 내가 알지 못하는 무수히 많은 '나'와 능력이 숨겨져 있다. 인간은 자신의 능력 3%도 다 쓰지 못하고 죽는다. 스스로 가지고 있는 선입견, 편견, 한계를 버릴 때 가능성도 솟아 나온다.

"나는 능력이 부족해서 좋은 아빠가 될 수 없어.", "나는 이런 거 못해.", "나는 소심한 사람이야." 등의 부정적인 생각을 없애고 "나는 할 수 있어!", "나는 나의 잠재된 97%의 능력을 찾아낼 거야." 하는 정신으로 하루하루를 보내보자. 어느 순간 스스로도 모르게 일도 잘하고 가정에서도 인정받는 울트라 슈퍼 대디가 되어 있을 것이다.

여섯째 스스로를 하루에 한 번 이상 칭찬한다

내가 나 자신을 소중히 여기고 사랑하지 않으면 아무도 나를 사랑해주지 않는다. 내 장점을 써보고 하루에 한 번 이상은 반드시 나를 칭찬하는 연습을 해 보자.

처음에는 이러한 행동이 어색하고, 쑥스러울 수 있지만 익숙해지면 괜찮다. 그리고 어느 순간 깨닫게 될 것이다. 스스로에게 하는 위로와 격려만큼 강력한 힐링도 없다는 사실을 말이다. 지금 당장 "○○아!" 하고 내 이름을 부르는 것부터 해 보자. 내가 내 이름을 불러줄 때 나의 참 행복도 시작된다.

일곱째 가족이 함께 매일매일 자신만의 어퍼메이션을 외쳐본다

어퍼메이션은 긍정적인 자기 암시로, 되고 싶고 하고 싶은 간절함을 문장으로 만들어 매일 반복적으로 습관화하는 것이다. 핵주먹으로 유명한 무하마드 알리의 어퍼메이션은 "나는 최고이다."이며, 세계 최고의 부자 빌 게이츠의 어퍼메이션은 "오늘 나에게 큰 행운이 올 것이다. 나는 무엇이든 할 수 있다."이다. 아빠를 비롯해 가족들의 어퍼메이션을 정해 날마다 함께 모여 외치는 가족 문화를 만들어본다. 서로의 꿈을 알고 지지해줄 수 있을 뿐만 아니라 가족 사이에 끈끈한 친밀감도 쌓을 수 있다.

BONUS

세계적인 행복학자
탈 벤샤하르의 행복 실천법

감정을 그대로 받아들여라
불안, 우울, 실망, 화 같은 부정적 감정을 억누르고 받아들이지 않으면 병이 된다. 화가 나면 "아! 내가 지금 화가 났네? 화가 날 수도 있지." 하고 감정을 적극적으로 수용한다. 인정하고 수용하면 해결책이 보인다.

스트레스를 관리하라
스트레스 자체는 나쁜 것이 아니다. 긍정적으로 받아들인다면 스트레스는 우리 마음을 단련시키는 도구가 된다. 하지만 뭐든 지나치면 좋지 않으므로 평소 규칙적인 운동, 복식 호흡, 적절한 여유와 휴식을 통해 스트레스를 관리한다.

긍정적인 삶의 태도를 가져라
사랑하는 사람과 함께하는 시간을 늘리고 감사하는 마음을 갖는다. 감사 노트를 만들어 꾸준히 쓰다 보면 매일매일 삶의 행복도가 올라간다.

위의 3가지를 실천하라
가장 중요한 것은 행복해지는 법이 아니다. 제일 중요한 것은 바로 '실천'이다. 행복해지고 싶으면 지금 당장 실천하자.

아빠가 된 순간부터 켜진 불안 스위치

　부모님의 아들이자 한 여자의 남편으로서의 역할만 충실히 하면 됐던 남자에게 어느 날 '아빠'라는 또 다른 이름이 생겼다. 아내의 뱃속에 있을 때는 실감이 나지 않더니 "응애!" 하고 울음을 터뜨리는 아이와 마주한 순간 정신이 번쩍 들며 드디어 아빠가 된 사실이 실감난다.
　하지만 기쁨도 잠시, 아빠들은 오만 가지 생각과 함께 엄청난 책임감과 부담감을 느낀다. 누군가를 평생 책임져야 한다는 두려움, 양육에 대한 막막함, 육아 및 가사 분담에 대한 스트레스, 경제적인 압박감, 좋은 아빠의 대한 막연함, 아이에게만 쏠리는 아내의 관심 등이 복합적으로 작용해 우울함을 느끼는 경우가 많다.

가족 부양에 대한 부담감, 자칫 우울증으로 커질 수 있어

실제로 영유아 자녀를 둔 부모를 대상으로 교육을 할 때 아빠들에게 아이가 태어나기 전과 후를 비교해 가장 크게 달라진 점을 꼽으라고 하면 '심리적인 부담감'을 일순위로 꼽는다. 부담감은 더욱더 열심히 살아야겠다는 동기부여가 될 수도 있지만 자칫 지나치면 우울증으로 발전할 수 있다.

미국 이스턴버지니아대학교 의과대학의 소아과학연구소 연구팀이 생후 9개월의 아기를 가진 부부 5,089쌍을 대상으로 설문과 면담을 실시한 결과 아빠의 10%가 산후 우울증에 시달리고 있다고 밝혀졌다. 미국의 한 연구 기관이 밝힌 연구 결과는 더 심각하다. 연구 기관은 초보 아빠의 62%가 산후 우울증의 초기 단계인 베이비 블루스를 겪는다고 밝혔기 때문이다. 이는 초보 아빠들도 엄마만큼 산후 우울증을 겪음을 의미한다.

여성의 산후 우울증에 대해서는 잘 알려져 있지만 남성의 산후 우울증에 대해서는 알려지지 않아 많은 아빠들이 산후 우울증을 겪고 있음에도 불구하고 우울증이라는 사실조차 모르고 있는 경우가 많다. 문제는 엄마들의 산후 우울증은 호르몬의 영향으로 1~2개월이면 대부분 사라지지만 아빠들의 산후 우울증은 환경의 변화에 따른 심리적인 영향으로 방치하면 점점 더 심해질 수 있다. 특히 아내가 산후 우울증을 겪고 있다면 남편 역시 산후 우울증을 겪을 확률이 높아지며 소유욕이 강한 남편일수록 산후 우울증에 더 잘 걸릴 수 있으므로 주의가 필요하다.

산후 우울증을 겪는 남편, 아내의 관심과 배려 필요

남편들이 산후 우울증에 걸리면 짜증이나 화를 자주 내고, 술을 마시면서 스트레스를 해소하려고 하며, 아이를 돌보는 대신 TV나 컴퓨터 게임 등에 몰입하는 경향을 보인다.

한마디로 아내가 보기에 아빠로서 무책임하다고 생각할 수 있는 행동들이 이어지는 것이다. 전문가들은 이러한 증상이 2주 이상 지속되면 산후 우울증을 의심해 봐야 한다고 경고한다.

이때 가장 필요한 것이 '아내의 관심'이다. 아내 입장에서는 남편의 이러한 행동들이 괘씸하고 예전처럼 자신을 사랑하지 않는 것 같아 불안하겠지만 마음속 '화'를 잠시 내려놓고 남편이 느낀 부담감과 스트레스를 이해해주려는 노력이 필요하다. 또한 출산 후 아이에게만 쏠린 관심을 남편에게도 돌려주며 따뜻한 배려를 해줘야 한다. 아내의 노력에도 불구하고 아이가 귀찮고 상황을 회피하고 싶은 생각이 자꾸 들면 어떻게 해야 할까?

첫째 회피하고 싶은 진짜 이유를 찾아낸다

아이를 키우고, 가정을 돌보는 것이 부담스럽고 힘든 진짜 이유를 찾는다. 경제적인 부담감인지, 어릴 때의 트라우마인지, 아내와의 갈

등인지, 누적된 피로감인지 이유를 알아야 해결 방안도 찾을 수 있다. 당장 노트를 펼치고 나를 힘들게 하는 것 또는 힘들게 하는 사람과 이유를 적어보자. 그런 다음 어떻게 하면 내 마음이 돌아설지 스스로 해결 방안을 모색해 보자. 만약 도저히 못 찾겠다 싶으면 전문가의 도움을 받아보는 것도 도움이 된다. 요즘은 각 지역의 건강가정지원센터나 심리상담소의 온라인 상담이 잘 되어 있어서 마음만 먹으면 얼마든지 상담이 가능하다.

둘째 피할 수 없으면 즐긴다

결혼을 하고 아빠가 된 이상 '가장'의 부담감은 어쩔 수 없다. 피할 수 없으면 즐기라는 말이 있듯 매일의 순간순간을 즐겨보자. 의외로 돈이 없어도 가족과 함께 할 수 있는 일도 많고, 그로 인한 기쁨도 크다는 것을 깨닫게 될 것이다. 뭐든 생각하기 나름이다. 힘들다 힘들다 하면 한없이 힘들어질 것이고 즐겁다고 생각하면 더 큰 즐거움이 내게 돌아올 것이다.

셋째 육아에 적극 동참해 본다

모르면 자신감도 없고 두렵기 마련이다. '육아는 아내의 몫'이라는 생각을 접어두고 적극적으로 책을 읽고, 교육을 받으면서 육아 마스터에 도전해 보자. 요즘은 아빠들을 위한 책과 교육들이 굉장히 많아 관심만 가지면 얼마든지 배울 수 있다. 특히 육아처럼 한 번도 접하지 못했던 분야는 더욱더 도전 정신을 갖고 시도해 볼 만하다. 육아도 하면 할수록 일 못지않게 성취감을 느끼게 될 것이다.

넷째 작은 행복의 경험들을 만들어본다

나로 인해 아이가 웃고 즐거워하며 아내가 뿌듯해하는 일들을 만들어 한 가지씩 도전해 보자. 예를 들면 일주일에 한 개씩 아이와 할 수 있는 놀이를 배워 활용해 보기, 아빠표 요리 만들기 등 할 수 있는 작은 것부터 하나하나 시작해 보자. 작은 행복의 기쁨을 경험하게 되면 더 잘하고 싶은 욕심이 생겨 계속해서 고민하고 노력하게 된다.

다섯째 아빠표 육아 일기에 도전해 본다

아는 만큼 보인다는 말이 있듯 아이를 알면 알수록 애정과 사랑도 그만큼 더 깊어진다. 하루하루 아이의 사진을 찍고 육아 일기를 써보자. 육아 일기라고 해서 거창한 것이 아니다.

아이에 대한 느낌, 있었던 일, 하고 싶은 말 등을 간략하게 적어보는 건데 만약 매일 적는 게 힘들다면 일주일에 한 번이라도 사진을 찍어 인화해서 붙여놓고 아빠의 한 줄 메시지를 적어보자. 습관이 되어 아이의 일상을 기록하게 되면 아빠에게는 뿌듯함을 아이에게는 소중한 추억을 선물해줄 수 있다.

여섯째 한 번의 기회밖에 없음을 기억한다

가족과 부대끼며 사는 세월이 영원할 것 같지만 의외로 그리 길지 않다. 특히 아이들은 눈 깜짝할 새에 커서 부모의 품을 떠나간다. 청소년 자녀를 둔 많은 아빠들이 '더 많이 안아줄 걸', '더 많이 여행을 다닐 걸', '더 많이 웃게 만들어줄 걸' 하며 지나간 세월을 후회한다. 하지만 한 번 지나간 시간은 다시 되돌릴 수 없다. 다른 많은 아빠들처럼 아이가 훌쩍 큰 다음에 후회하지 말고 지금 이 순간에서 감동과 환희를 만끽해 보자.

일곱째 생각의 스위치를 바꾼다

스위스의 유명한 교육자 페스탈로치는 "가정의 단란함이 이 세상에서 가장 빛나는 기쁨이다. 그리고 자녀를 보는 즐거움은 사람의 가장 거룩한 즐거움이다."라고 했다. 부양에 대한 부담감과 불안함은 잠시 접어두고 이제부터는 육아의 즐거움만 생각해 보자. 생각의 스위치만 바꿔도 삶이 고통에서 희망으로 바뀔 것이다.

BONUS

에딘버러 산후 우울 척도 검사(EDPS)

다음 10개의 문항에 대하여 오늘뿐 아니라, 지난 일주일 동안의 느낌이 어떠했는지 가장 잘 표현해주는 문장에 체크하세요.

1. 나는 웃을 수 있었고 사물들의 즐거운 측면을 바라볼 수 있었다.
- 평소처럼 그럴 수 있었다. (0점)
- 평소보다는 다소 덜했다. (1점)
- 평소보다 확실히 덜했다. (2점)
- 전혀 그러지 못했다. (3점)

2. 나는 일들에 대해 즐겁게 기대하였다.

- 이전과 비슷했다. (0점)
- 이전보다 다소 덜했다. (1점)
- 이전보다 확실히 덜했다. (2점)
- 거의 그러지 못했다. (3점)

3. 나는 무언가 잘못되었을 때 불필요하게 스스로를 책망했다.

- 대부분의 시간 동안 그랬다. (3점)
- 일정 시간 동안 그랬다. (2점)
- 자주 그러지는 않았다. (1점)
- 전혀 그러지 않았다. (0점)

4. 나는 특별한 이유 없이 근심하거나 걱정하였다.

- 전혀 그러지 않았다. (0점)
- 거의 그러지 않았다. (1점)
- 때때로 그랬다. (2점)
- 자주 그랬다. (3점)

5. 나는 특별한 이유 없이 두려움이나 공포를 느꼈다.

- 많이 그랬다. (3점)
- 때때로 그랬다. (2점)
- 많이 그렇지는 않았다. (1점)
- 전혀 그렇지 않았다. (0점)

6. 일들을 감당하지 못했다.

- 대부분의 시간 동안 제대로 대처하지 못했다. (3점)
- 때때로 이전처럼 대처하지 못했다. (2점)
- 대부분의 시간 동안 잘 대처하였다. (1점)
- 이전처럼 잘 대처하였다. (0점)

7. 수면을 취하는 데 어려움을 겪어서 힘들었다.

- 대부분의 시간 동안 그랬다. (3점)
- 때때로 그랬다. (2점)
- 자주 그렇지는 않았다. (1점)
- 전혀 그렇지 않았다. (0점)

8. 나는 슬프거나 불행하다고 느꼈다.

- 대부분의 시간 동안 그랬다. (3점)
- 꽤 자주 그랬다. (2점)
- 자주 그렇지는 않았다. (1점)
- 전혀 그렇지 않았다. (0점)

9. 나는 몹시 슬퍼서 울었다.

- 대부분의 시간 동안 그랬다. (3점)
- 꽤 자주 그랬다. (2점)
- 가끔 그랬다. (1점)
- 전혀 그러지 않았다. (0점)

10. 나 자신에게 해를 가하는 생각이 떠올랐다.

- 꽤 자주 그랬다. (3점)
- 때때로 그랬다. (2점)
- 거의 그렇지 않았다. (1점)
- 전혀 그렇지 않았다. (0점)

결과

0~8점: 정상
9~12점: 상담 수준
13점 이상: 심각한 산후 우울증

ATM 기계로 전락한 아빠

　세월이 많이 바뀌었다고는 하지만 여전히 많은 남성들은 경제적으로 능력 있는 아빠가 되고 싶어 한다. 아이들이 원하는 것을 척척 사주고, 하고 싶은 것이 있으면 아낌없이 밀어주는 든든한 아빠가 되고 싶어서 아침부터 밤까지 회사에 나가 열심히 일을 한다.
　그나마 집안이 경제적으로 여유 있고, 학벌도 좋으며, 배경이라도 있으면 직장에서의 생활도 조금은 수월하겠지만 그렇지 않고 오로지 '실력'과 '회사에 대한 충성심'으로 승부해야 되는 남성들은 웬만한 체력과 마음가짐이 아니고서는 전쟁터 같은 곳에서 살아남기가 쉽지 않다.

그러다 보니 더욱더 악착같이 일에 매달리게 되고, 회사에 몸과 마음을 바친 충성심을 보이려 애쓴다. 그렇게 하루하루 힘겹게 버텨내며 돈을 벌지만 정작 그 돈으로 생활하는 가족들은 고마워하기는커녕 '무능력하다', '마음을 몰라준다', '가족과 시간을 보내지 않는다', '대화가 안 된다' 등의 이유로 왕따를 시키니 많은 남성들은 삶의 의욕도 없고 재미도 없다며 하소연을 한다.

필자의 주변에도 삶에 대한 허탈감과 '내가 누구를 위해 이렇게 사는 거지?' 하는 의문으로 밤새 술잔을 기울이는 남성들이 많다. 가장으로서 부양에 대한 책임만 있고 권리는 없는 요즘 남성들을 보면서 앞으로 필자의 두 아들이 겪게 될 현실인 것 같아 씁쓸하기만 하다.

나의 월급을 가족들이 소중히 여기게 하는 것도 가장의 역할

아버지 세대에는 한 달에 한 번 월급 날만이라도 목에 힘을 줄 수 있었다. 노란 봉투에 명세서와 함께 두둑이 담긴 아버지 월급은 가족들에게는 동아줄이나 다름없었으므로 가족들은 아버지 월급 날만큼은 격하게 환대했다. 아버지는 한 달에 한 번 받는 격한 환대를 통해 재충전을 하며 다시 열심히 한 달을 달렸다.

하지만 요즘 아버지들은 절대 이런 환대를 받을 수가 없다. 한 달 동안 죽어라 벌어도 목에 힘줄 새도 없이 아내 통장으로 월급이 들어가기 때문이다. "수고했다."는 말 한마디보다는 늘 돈이 부족하다는 얘기를 듣는 남성들은 아내 입에서 'ㄷ' 자만 나와도 괜히 주눅부터 든다고 이야기한다.

하지만 아빠들은 가족들이 "돈!" 하고 말하면 돈을 뱉어내는 ATM 기계가 아니다. 아빠 스스로 자존감을 찾고, 가족들이 아빠가 돈을 벌어 가족을 부양하는 일을 당연하다고 생각하게 내버려 두어서는 안 된다. 가족을 위해서 힘들게 번 돈이 어떻게 쓰이는지도 모른 채 그냥 통장에 돈만 넣어주면 가장의 역할은 끝났다고 자위하지도 말자. 내 월급이 당연함이 아닌 감사함으로 대접받으려면 스스로는 물론 가족들에게도 경제 개념을 심어줘야 한다.

옛말에 통장을 선물하면 부자가 되고 돈을 물려주면 바보가 된다는 말이 있다. 아이를 행복한 부자로 키우느냐 자기 앞가림도 할 줄 모르는 바보로 키우느냐는 아빠의 경제 교육에 달려 있기도 하다. ATM 기계가 아닌 행복한 부자 아빠로 만들어주는 경제 교육 방법에 대해서 알아보자.

첫째 부모부터 돈의 소중함을 깨닫는다

맞벌이 부부라면 부부가 함께 돈을 벌기 때문에 저축을 많이 했을 거라고 생각하지만 잦은 외식과 소비로 외벌이보다 못한 경우가 많다. 부모가 소비를 즐긴다면 아이들 역시 저축보다는 소비를 먼저 배우게 된다. 부모부터 돈을 아끼고 지혜롭게 쓰는 법을 공부하고 실천하는 모범을 보여야 한다.

둘째 돈이 아닌 경제적 자립심을 키워준다

어릴 때부터 '세상에 공짜는 없다'는 사실을 가르쳐야 한다. 아빠들은 아이들에게 미안한 마음에 사달라는 것은 무조건 사주는 경향이 짙다. 하지는 이는 아이를 망치는 지름길이다. 어릴 때부터 돈이든 장난감이든 원하는 것은 무엇이든 쉽게 얻을 수 있다고 생각하는 아이들은 어른이 돼서도 제대로 된 삶을 살 수 없다. 원하는 것을 얻으려면 그만한 대가를 치러야 한다는 걸 알려줘야 근검절약이 몸에 배고 경제적 자립심을 키울 수 있다.

셋째 가정의 수입과 지출에 대해서 이야기해준다

아이가 미취학일 때는 "아빠 돈 없어. 나중에 돈 많이 벌어서 사줄게." 정도로 넘어갈 수 있지만 초등학생 정도가 되면 먹고 싶고, 사고 싶고, 하고 싶은 것을 마음대로 하지 못할 때 분노를 느껴 대들기 시작한다. 그러므로 아이의 용돈 관리를 시작하는 시점에 맞춰 아이에게 현재 우리 가정의 재정 상황에 대해서 알려줄 필요가 있다. 재정 상황을 알고 용돈을 받아쓰는 아이들과 아무것도 모른 상태에서 돈을 쓰는 아이들의 태도는 하늘과 땅 차이다.

넷째 물고기 잡는 방법을 알려준다

무조건 돈을 통장에 넣어주기보다는 돈을 벌 수 있는 방법을 알려줘야 한다. 부부가 함께 저축이나 펀드, 주식을 비롯해 물건을 사고팔 때 이윤을 남기는 법 등 아이가 돈을 벌 수 있는 방법에 대해서 논의하고 아이의 성향이나 연령대에 맞게 하나씩 실천해 보게 한다.

다섯째 동전 하나도 소중히 여기는 태도와 습관을 길러준다

요즘은 길거리에 동전이 떨어져도 잘 줍지 않은 것은 물론 집 안에

서 동전이 굴러다녀도 신경 쓰지 않는다. 하지만 '티끌 모아 태산이다'라는 속담도 있듯이 푼돈을 소중히 다루는 습관은 부자 마인드를 키워주는 기본이다. 돈이 쌓이는 모습을 볼 수 있는 투명한 저금통을 준비해 동전도 모이면 큰돈이 된다는 사실을 알게 한다.

여섯째 어릴 때부터 경제 교육을 한다

평소에 TV나 신문 등을 함께 보면서 경제 원리나 현재의 경제 상황에 대해 쉽게 설명해주거나 어린이용 경제 관련 책을 함께 읽고 이야기를 나눠본다. 기회가 된다면 경제 전문 일간지 혹은 은행이 주관하는 경제 스쿨이나 은행, 화폐 박물관 등을 함께 견학해 눈으로 직접 보거나 체험하는 것도 경제 개념을 심어주는 데 효과적이다.

일곱째 희망 저금통을 만든다

아이가 갖고 싶은 장난감이나 물건은 바로 사주지 않고 저금통에 갖고 싶은 장난감이나 물건 사진을 붙여놓고 저금통에 돈이 가득 차야 원하는 물건을 살 수 있다고 알려준다. 그리고 저금통이 가득 차면 은행에서 지폐로 바꿔 직접 원하는 물건을 사게 한다.

BONUS

워런 버핏의
부자 되는 비결

① 작은 돈을 아껴야 큰 돈을 번다.
② 조기 경제 교육이 평생의 부를 결정한다.
③ 우리 집은 가난하다고 변명하지 않는다.
④ 책과 신문 속에 부가 있다.
⑤ 본받고 싶은 부자 모델을 찾는다.
⑥ 부는 알리는 것이 아니라 감추는 것이다.
⑦ 시간을 아끼는 사람이 진짜 부자다.
⑧ 정직하게 번 돈은 세상에서 가장 아름답다.
⑨ 고기를 잡으려면 물에 들어가야 한다.
⑩ 많이 버는 것보다 잘 쓰는 것이 더 중요하다.
⑪ 남에게 관대하고 자신에게 엄격하라.
⑫ 솔직함보다 부유한 유산도 없다.
⑬ 가슴에 정열을 품으면 부는 따라온다.
⑭ 부자는 끈기로 무장한 사람들이다.
⑮ 인생 최고의 투자는 친구다.
⑯ 자신의 일을 즐기면 부는 따라온다.
⑰ 남들과 다른 자신만의 원칙을 세운다.
⑱ 젊다는 것이 가장 큰 자산이다.

아빠의 역할이 바뀌고 있다

 필자가 자랄 때만 해도 아버지는 권위적이고 가부장적인 게 당연했다. 아침에 일찍 나가서 저녁 늦게 들어오고 주말에는 피곤하다며 잠만 자도 큰 문제가 될 게 없었다. 우리 아빠뿐만 아니라 주변 대부분의 아빠들이 그러했으니 말이다.
 하지만 요즘은 시대가 많이 바뀌었다. 맞벌이 가정이 늘고 아빠들의 양육이 아이의 지능이나 정서에 긍정적인 영향을 미친다는 연구 결과가 속속 나오면서 아빠들이 긴장하기 시작한 것이다.

아빠의 적극성이 아이의 미래를 바꾼다

가장 대표적인 이론은 《아버지만이 줄 수 있는 것이 따로 있다》의 저자이자 캘리포니아대학교 심리학 교수인 로스 D.파크(Ross D. Parke)의 아빠 효과(Father Effect)이다.

파크 교수의 이론에 따르면 아빠와의 놀이나 상호작용은 논리적이고 이성적인 좌뇌를 발달시킨다고 한다. 실제 실험에서도 영유아기 때 아빠와 관계가 부족했던 아이들은 수리 능력이 떨어지고 성취 동기도 낮을 뿐 아니라 지적 발달의 초기 단계인 감각 운동 행동(손을 뻗어 물건을 잡거나 사물을 쫓는 행동) 수치도 낮다는 결과가 나왔다. 이는 한 살 이전부터 아빠의 양육 태도가 아이의 지능 발달에 막대한 영향을 미친다는 것을 보여준다.

또한 아빠들은 아이들과 놀 때 적극적으로 몸을 움직이고 새로운 것에 도전하므로 아이들의 적극성과 탐구 정신을 키우고 사회성을 촉진한다고 강조한다. 21세기의 가장 중요한 덕목으로 떠오른 창의성 역시 마찬가지다.

창의성 전문 기관인 한국메사연구소가 5~7세 자녀를 둔 부모 100명을 대상으로 실시한 조사에 따르면 창의성 상위 집단에 속하는 아이들 중 26%가 아빠와의 대화 시간이 하루에 30분 이상이라고 답했다. 반면 대화 시간이 30분 미만인 아이들이 상위 집단에 속한 비중은 13%에 그쳤다니 아빠의 역할이 얼마나 중요한지 알 수 있다.

아이들은 기다려주지 않는다

　필자의 남편도 그렇고 주변의 많은 아빠를 보면 마음은 있지만 바쁘다 보니 아이들과 시간을 보내기가 쉽지 않다고 말한다. 또한 함께 놀고 싶어도 어떻게 놀아줘야 할지 방법을 모르거나 아이가 엄마만 찾다 보니 아예 함께 놀기를 포기하게 된다고도 한다. 그중에는 아이들이 어릴 때 부지런히 돈을 벌어놓은 다음에 놀아줘도 늦지 않다고 생각하는 아빠들도 있다.

　많은 아빠들이 좀 더 시간이 나거나 좀 더 돈을 번 다음에 아이들과 놀아주겠다고 생각하지만 이는 아빠들만의 착각이다. 아빠가 시간과 돈에서 여유로워질 때쯤이면 아이들도 자라서 더는 아빠가 필요 없게 되기 때문이다. 아빠 역할을 자꾸 포기하게 되면 우리 아버지들이 그랬듯이 가정에서 소외되는 것은 시간문제이다.

　지금부터라도 달라진 아빠 역할을 인정하고 스스로 바꾸기 위해 노력해야 한다. 그렇다면 좋은 아빠가 되기 위해서는 어떤 노력을 해야 할까?

첫째 육아에 적극적으로 참여한다

　아이와 놀아주는 것도 중요하지만 아이의 기본적인 욕구 즉 먹고 자고 싸는 일에 적극적으로 참여하면 아이와의 친밀도가 그만큼 높아진다. 아이가 어릴수록 좋은 아빠가 될 수 있는 기회임을 잊지 말고 분유 먹이기, 기저귀 갈기, 목욕시키기, 책 읽어주기 등 가장 잘할 수 있는 일부터 찾아 꾸준히 시도해 본다. 목욕시키기만 도맡아서 7년을 하면 7년 내공이 쌓이는 것이다. 뭐든 처음이 어렵지 자꾸 하다 보면 손에 익어 누구보다 잘하게 된다.

둘째 아내에게 잘한다

좋은 아빠가 되는 데에는 아내의 역할이 매우 중요하다. 엄마가 아이들에게 아빠에 대해서 어떤 감정을 갖고 있고 어떤 말을 전하느냐에 따라 아빠에 대한 아이들의 평가가 달라진다. 아내가 사랑의 메신저가 돼서 아이들에게 아빠에 대한 이야기를 잘 전할 수 있도록 평소에 아내에게 잘해야 한다. 여자들은 거창한 것을 바라지 않는다. 그저 이야기를 잘 들어주고, 공감해주며, 다정하고 따뜻하게 말해줄 때 사랑을 느낀다.

셋째 아이의 성향에 맞는 놀이를 한다

아이의 성향을 고려하지 않고 아빠 기분대로 놀이를 유도하거나 이끌어간다면 아이는 아빠와 노는 시간을 부담스러워한다. 관찰을 통해 아이의 성향을 파악하거나 아내에게 도움을 받아 아이가 좋아하는 놀이 위주로 접근해 본다. 만약 아이와 어떻게 놀아줘야 할지 방법을 모르겠다면 아빠들을 위한 놀이책이나 인터넷 사이트 등을 참조해서 시도해 본다.

넷째 승부를 가르는 놀이는 4060 법칙을 적용한다

아이와 놀이를 할 때 꼭 이기려는 아빠들이 있다. 아빠는 이겨서 기분 좋을지 모르지만 아이는 계속 지는 것에 자존심이 상하고 나아가 심한 상처까지 받을 수 있다. 그러므로 40대 60의 비율(아빠가 60%)로 아빠가 알아서 져주는 것도 아이의 기를 살려주는 좋은 방법이다.

아이들은 아빠를 이겼다는 사실에 성취감을 느끼고 '나도 할 수 있다'는 자신감을 얻는다. 단, 너무 티 나게 져주면 오히려 아이의 사기를 꺾을 수 있으므로 연기력을 발휘할 필요가 있다.

다섯째 함께할 수 있는 취미를 만든다

아이와 친해지려면 공통 관심사가 있어야 한다. 그래야 서로 공감하고 거리도 가까워진다. 가장 좋은 방법이 취미를 함께하는 것이다. 아빠의 취미에 아이가 동참하길 강요하기 전에 아이가 좋아하는 게 무엇인지 파악한 후 함께 하도록 노력한다. 아이가 게임을 좋아하면 게임을 하고 스포츠를 좋아하면 함께 운동을 하거나 운동 경기를 관람하면서 시간을 보낸다.

여섯째 부드럽게 말하며 스킨십을 즐긴다

아빠들은 대부분 표현력이 약하다. 마음은 그렇지 않으면서 말을 퉁명스럽게 하고 스킨십도 잘 않는 경향이 있다. 간혹 아들을 키우는 아빠들 중에 너무 사랑을 주면 버릇 나빠진다며 매몰차게 대하는 경우도 있는데 아이들은 부모의 사랑을 먹고 자란다. 가급적 부드럽게 말하며 자주 웃어주고 따뜻하게 스킨십을 해줌으로써 아빠의 사랑을 충분히 전달해 본다.

일곱째 자주 가족 여행을 다닌다

세계 최고의 영화 감독 스티븐 스필버그와 마이크로소프트사의 창업자 빌 게이츠를 비롯해 성공한 사람들의 공통점은 어릴 때부터 부모와 함께 가족 여행을 자주 떠났다는 것이다. 여행은 최고의 체험 학습이자 가족애를 깊게 만드는 촉매제 역할을 한다. 또한 대자연 속에서 마음껏 뛰어놀며 많은 경험을 한 아이들은 체력적으로도 튼튼할 뿐 아니라 창의성도 뛰어나고 마음도 넉넉해진다. 만약 매번 어딘가를 떠나는 게 부담스럽다면 동네 도서관 탐방하기, 저렴한 마트 찾아내기, 근교 유적지 찾아가기 등과 같이 테마를 정해서 다녀보는 것도 좋은 방법이다.

BONUS

〈시카고트리뷴〉에서 발표한 좋은 아빠가 되는 12가지 방법

1. 함께 있기
가능한 오래 아이 곁에 있어주자. 아무리 함께 있는 시간의 질이 중요하다고 해도 같이 보내는 시간의 양을 대신할 수는 없다.

2. 관여하기
아이가 잘하는 것을 지켜봐주고 관심 있는 것을 함께 즐기자. 아이와 함께 책을 읽고 아이가 좋아하는 TV 프로그램을 함께 시청하며, 아이에게 무엇이든 가르쳐본다.

3. 모범적인 롤 모델 되기
아들뿐 아니라 딸에게도 롤 모델이 되고 있음을 항상 기억하자. 아이들은 아빠를 보며 아빠의 역할에 대해 배우고 기대하게 된다.

4. 애정 표현하기
아이를 사랑하지 않는 부모는 없다. 하지만 표현하지 않으면 아무 소용이 없다. 아이에게 깊이 사랑하고 있음을 자주 얘기해주고 적극적으로 애정을 표현한다.

5. 공평하기
아이는 물론 스스로에게도 책임감 있는 기준을 세우고 지속적으로 지키려고 노력하자. 편견이나 성 차별적인 표현을 하지 않도록 유의한다.

6. 신 나게 놀아주기
아이 눈높이에 맞춰 놀아주는 일은 아이와 얼마나 실제적으로 교류하고 있는지 보여주는 지표가 된다. 체면에 신경 쓰지 말고 아이를 행복하게 해주기 위해 노력한다.

7. 존중하기
절대로 아이를 얕보거나 무시하면 안 된다. 아이의 걱정과 불만, 의견을 진지하게 들어주고 아이를 인격적으로 대우한다.

8. 믿을 만한 모습 보이기
모호한 말로 반복되는 잔소리를 하지 말고 아이를 이끌고 싶은 방향에 대해 확고하고 단호하게 설명하자. 그런 다음 아이의 말을 끝까지 들어주고, 아이와 신중하게 논의하는 습관을 들인다.

9. 인내하기
소리를 지르는 일이 효과적이고 필수적인 때란 집에 불이 났을 때 이외엔 없다.

10. 지지해주기
아이의 꿈과 재능을 적극적으로 격려하고 지지해주자. 아이가 기대에 못 미치더라도 아이의 상황을 이해하고 적절한 도움을 줄 수 있도록 노력해야 한다.

11. 품위 지키기
남의 아이뿐 아니라 내 아이와 단둘이 있을 때도 아이에게 예의를 지키자. 고운 말을 사용하고 폭력적이지 않고 바르게 행동한다.

12. 술 취하지 않기
금주가 될 필요는 없다. 하지만 아이에게 아빠가 술에 취한 모습을 보이는 것은 좋은 아빠의 모든 조건을 한꺼번에 깨뜨려 버릴 수 있음을 기억한다.

친구 같은 아빠의 함정

　아빠들에게 되고 싶은 아빠 유형에 대해서 물어보면 이구동성으로 '친구 같은 아빠'를 꼽는다. 친구처럼 편안하고 다정한 아빠가 됐으면 좋겠단다.

　엄하고 권위적인 아버지 밑에서 자란 아빠일수록 더욱더 친구 같은 아빠에 대한 열망이 크다. 자신이 아버지에게 느꼈던 불안함, 무서움, 어색함 등을 사랑하는 아이에게만큼은 물려주고 싶지 않다는 생각에 '딸 바보, 아들 바보'를 자청하며 프랜디 대열에 적극적으로 합류한다.

프랜디 열풍은 육아가 아내의 몫이 아닌 부부 공동의 몫이라는 의식에서 시작되었고 여러 가지 긍정적인 요소가 많지만 위험성도 상당히 내재되어 있다. 아빠가 아빠 본연의 역할을 망각하고 오직 친구같이 다정하고 좋은 아빠가 되기 위해서만 노력한다면 아이는 자칫 자기중심적이고 버릇없는 아이로 자랄 수 있기 때문이다.

지나친 자식 바보, 아이의 자생력 못 키워준다

언제부터인가 자상한 아빠를 지칭하는 말이 딸 바보, 아들 바보가 되어 버렸다. 자칭, 타칭 자식 바보 아빠들은 바보라는 말이 붙을 정도로 아이들과 있으면 이성이 마비되어 아이가 울고 떼를 써도 마냥 귀여워하고 사랑스러워한다는 공통점이 있다.

눈치가 백단인 아이들이 이러한 황금 기회를 놓칠 리 없다. 아빠만 있으면 엄마가 안 된다고 한 것도 할 수 있고, 아빠가 알아서 다 해주기 때문에 아빠 백배 즐기기를 하고 만다.

하지만 이는 부부의 갈등을 유발하는 원인이 되므로 반드시 적절한 수위 조절이 필요하다. 필자의 남편은 둘째 아들 바보다. 자신의 외모를 쏙 빼닮은 둘째 아들만 보면 좋아서 어쩔 줄을 모른다. 마냥 예뻐하다 보니 훈육이 필요한 상황인데 그냥 넘어가기도 하고, 형제끼리 다툼이 일어날 때 편파적인 판정을 내려 첫째 아들과 필자의 원성을 사기도 한다.

아빠의 사랑에 힘입어 아빠 홀릭이 된 작은 아들은 아빠만 오면 아빠 옆에 달라붙어 요구 상황들을 쏟아내고 울 때도 엄마가 아닌 아빠를 찾으면서 운다. 작은 아들 머릿속에는 '아빠는 내가 원하면 뭐든지 들어주는 사람'이라는 인식이 박혀 있어서 아빠가 원하는 대로 해주지 않으면 격하게 징징거리거나 떼를 쓰곤 한다. 둘째 아들을 보면 확실히 아빠가 있을 때와 없을 때의 행동이 다르다. 아빠만 있으면 스스로 할 수 있는 일도 의존하고, 감정 조절을 못하며 쉽게 포기해 버린다.

뭐든 지나친 것은 부족함만 못 하다더니 자식에 대한 사랑 역시 마찬가지다. 과잉 애착은 아이를 아무것도 못하는 아이 즉 손발이 묶인 아이로 자라게 한다. 그러므로 '친구 같은 아빠'에 집착해 아이가 만만해하는 친구가 되기보다는 아빠의 권위는 지키면서 아이에 대한 애정을 키워야 한다. 그래야 아이도 아빠를 믿고 존경하게 된다. 그렇다면 아빠의 권위는 살리면서 자식 바보가 되는 방법은 무엇일까?

첫째 아이의 눈물에 속지 않는다

자식 바보 아빠들은 유독 아이의 눈물에 약하다. 아이의 행동을 제지하거나 화를 냈다가도 아이가 눈물을 흘리면 바로 허용해주거나 황급히 사과를 하는 경우가 많다. 하지만 그럴수록 아이는 아빠를 마음대로 움직일 수 있다는 자신감을 갖고 아빠를 시도 때도 없이 조종하려고 든다. 아무리 아이의 눈물이 가슴 아프더라도 아이에게 좌절과 아픔을 겪게 하는 경험도 아이를 위해서 필요한 일임을 기억한다.

둘째 아이를 혼내는 것을 두려워하지 않는다

아이를 자주 못 보는 아빠들은 아이를 혼내면 아이가 아빠를 싫어하고 피할까 봐 두려워 잘 혼내지 못한다. 물론 아이의 조그마한 실수에도 지나치게 아이를 몰아세우고 혼내는 행동은 지양해야 하지만 아이가 잘못했을 때 따끔하게 혼내는 일은 아이의 올바른 성장을 위해서 반드시 필요하다. 단 아이가 무엇을 잘못했는지 명확하게 인지시킨 다음에 야단을 치되 혼내고 나서는 따뜻하게 안아주는 등 아이의 마음을 다독여주는 행동을 잊지 않는다.

셋째 실패를 경험하게 한다

특히 딸 가진 아빠일수록 아이를 품 안에 끼고 예쁘고 곱게만 키우려고 한다. "아빠가 다 해줄게." 정신으로 무장한 그들은 일거수일투족 아이만 바라보고 아이가 원하는 것은 다 해주려고 준비하다 보니 아이는 자연적으로 몸도 마음도 연약한 아이로 자라게 된다. 아빠 품의 화초로 자란 아이는 거칠고 험한 세상에 나올 때 조그마한 바람에도 더 쉽게 좌절하고 큰 상처를 받을 수 있으므로 너무 오냐오냐 키우기보다 실패와 좌절, 아픔, 상처 등을 겪었을 때 잘 이겨낼 수 있도록 자생력을 키워준다.

넷째 한 번 안 되는 것은 절대 안 된다는 것을 알려준다

아이의 요구 사항에 안 된다고 했다가도 계속되는 떼쓰기에 무너지는 아빠들이 많다. 하지만 아빠의 이러한 태도는 아이의 떼를 더욱더 키우는 부작용을 낳을 수 있으므로 한 번 안 되는 것은 아이가 아무리 떼를 쓰거나 울어도 안 된다고 알려준다. 아빠의 확고한 태도는 오히려 아이 스스로 '되는 일'과 '안 되는 일'을 구분하게 해 혼란을 막아준다.

다섯째 훈육을 장난처럼 해서는 안 된다

아이를 혼낼 때에도 장난을 치듯이 혼내는 아빠들이 있는데 이는 아이를 더욱더 버릇없는 아이로 만들 수 있으므로 주의가 필요하다. 평소 아이의 눈높이에서 함께 잘 놀아주더라도 아이가 잘못을 했을 때에는 엄하게 혼을 내어 아빠가 만만한 사람이 아니라는 사실을 인식시킬 필요가 있다.

여섯째 계속되는 아이의 요구는 모른 척 한다

아이는 자기의 요구를 잘 들어주는 사람에게는 무한정 요구하기 십상이다. 간혹 아빠인지 몸종인지 모를 정도로 아이의 요구에 휘둘리는 아빠들이 있는데 아이가 소중하듯 아빠의 삶도 소중하다. 아이에게 해줄 수 있는 것은 과감히 해주되 말도 안 되는 떼와 요구에는 안 된다는 것을 단호하게 알려주고 계속되는 요구는 모른 척한다.

일곱째 아이와 친해지려고 무리수를 두지 않는다

아이와 친해지고 싶은 마음에 엄마가 안 된다고 하는 일을 몰래 해주거나 심한 장난을 치는 경우들이 있는데 엄마 몰래 하는 행동이 잠시 쾌감을 줄지는 모르지만 자칫 아이가 엄마를 무시하는 부작용을 낳을 수 있으므로 엄마가 안 된다는 규칙을 아빠가 마음대로 깨지 않도록 주의한다. 또한 장난도 아이의 성향에 따라 달리 한다. 아빠가 즐겁다고 해서 아이도 즐거우리란 법은 없다. 뭐든 내 아이에게 맞는 맞춤형 놀이가 아이의 마음을 사로잡을 수 있음을 기억한다.

BONUS

소아정신과의사 겸 심리학자, 루돌프 드라이커스가 말하는 아이의 부적응 행동에 따른 사회성 키우는 노하우

1. 지나치게 관심 받고 싶어 하는 아이
매사에 관심을 받으려는 아이는 부모가 자신을 인정하지 않는다고 생각하는 경우가 많다. 아이의 목적은 오로지 '관심'이므로 부모가 관심을 가질수록 문제 행동이 더 늘어나는 결과를 초래할 수 있다. 이럴 때는 철저히 무시하는 편이 좋다. 대신 관심을 받으려는 목적이 아닌 행동에 대해서는 구체적으로 격려해주는 태도가 필요하다.

2. 자기 힘을 과시하는 아이
어떤 부모들은 자녀에게 똑같이 힘으로 맞서며 제압하려는 경우가 있다. 이렇게 되면 아이는 부모 앞에서는 순응하는 척하지만 '역시 힘이 최고'라고 생각하며 또래 친구들에게 막무가내로 자신의 힘을 과시한다. 부모가 같이 맞서기보다는 아이의 말을 경청하며 아이가 힘을 과시하려고 할 때에는 조금 뒤에 다시 이야기하자고 타이르는 게 바람직하다.

3. 앙갚음을 하는 아이
앙갚음은 부모에 대한 부정적 감정과 응어리가 있는 아이들에게서 나타난다. 아이들은 잘못을 저질렀을 때 자신의 잘못을 알고 부모에게 혼날 상황을 염려해 긴장한다. 아이에게 벌을 준다는 명목으로 아이의 부탁을 거절하거나 적절한 반응을 보이지 않는 행동은 금물이다. 잘못과는 별개로 아이를 대할 때 부정적 감정이 생기지 않게 한다.

4. 혼자서는 아무것도 못하는 아이

혼자 아무것도 못한다고 생각하는 아이의 감정에 공감해주자. 그리고 아이가 할 수 없다는 일을 조금만 도와주고 나머지는 스스로 해결하게 한다. 시작만 부모가 돕고 끝까지 마무리한 건 아이라는 사실을 인식시켜 자신감을 키워주는 태도가 중요하다.

친밀감 없는
상담과 훈육은 폭력이다

많은 아빠들은 아이들에게 든든한 버팀목 같은 존재가 되고 싶다고 말한다. 넓은 아빠 품이 아이에게 포근한 쉼터이자 햇빛을 가려주는 그늘이자 비바람을 막아주는 우산 같아서 아이들이 힘들 때 기대어 쉴 수 있기를 간절히 희망한다.

하지만 현실은 아빠들의 바람과 달리 참담하다. 힘들 때 찾아오기는커녕 눈길조차 주지 않으며 늘 아내를 통해야 아이들의 근황을 알 수 있다.(아내와 싸움을 했거나 사이가 안 좋을 때는 아이의 근황도 알 수 없다) 또한 아이들의 잘못된 행동이 눈에 거슬려 어쩌다 한마디라도 할라치면 아이는 아이대로, 아내는 아내대로 "지금까지 안 하던 아빠 노릇을 갑자기 왜 하려고 하냐."면서 눈에 불을 켜서 가슴 한쪽이 시리다고 하소연을 하기도 한다. 교육을 통해 만난 한 아빠는 "아이가 어릴 때는 시도 때도 없이 '아빠~' 하고 부르는 소리가 그렇게 귀찮더니 이제는 그 소리가 그립다."며 눈시울을 붉히기도 했다.

아이가 아빠를 부르는 때를 충분히 만끽하라

뭐든 그렇듯이 아이와의 시간도 역시나 때가 있는 법이다. 아이가 "아빠~" 하고 부르며 안아달라, 업어달라, 놀아달라, 책 읽어달라, 나 좀 봐달라고 할 때 열심히 안아주고, 업어주고, 놀아주고, 책 읽어주고, 아이와 눈을 마주쳐야 한다. 그렇지 않으면 아이들은 아빠에게 받았던 상처를 크면서 그대로 아빠에게 돌려준다. "아빠도 그랬으면서!" 하는 레이저 눈빛과 함께 말이다.

필자의 남편도 그렇지만 많은 아빠들이 사랑을 표현하는 데 참 서툴다. 그런 데다 말하지 않아도 알 것이라는 착각 속에 살다 보니 아이들에게 아빠의 마음이 제대로 전달되지 않는다. 더욱이 이 시대 많은 남자들은 가슴속에는 화가 많이 쌓여 있다 보니 아이들이 조금만 마음에 들지 않는 행동을 해도 버럭 화부터 내는 경향이 있다.

아이 입장에서는 놀아달라고 할 때는 놀아주지 않으면서 조금만 잘못해도 화를 내는 아빠를 보면서 '아빠는 나를 사랑하지 않아!'라고 생각하며 자라게 된다. 아빠에 대한 마음의 문을 닫은 지 오래됐는데 어느 순간 불쑥 찾아와 "힘들 때면 언제든지 아빠에게 와서 얘기해."라고 말하면 아이들은 어이없어 한다. 요즘 아이들 표현대로 하자면 한마디로 '헐'인 것이다.

아이에 대한 서운함과 원망은 이미 아빠가 아이에게 전해준 감정임을 인식하라

그런데도 눈치 없는 아빠는 친해지고 싶은 자신의 마음을 몰라주는 아이에게 서운함과 원망을 화와 잔소리로 녹여낸다.

하지만 아빠들은 알아야 한다. 아빠가 현재 느끼고 있는 서운함과 원망, 배신감은 이미 아이가 자라면서 아빠에게 느꼈던 감정이다. 아이에게 줬던 대로 받았을 뿐이다. 그러니 너무 서운해 하지도, 자식 키워봤자 소용없다고 한탄할 필요도 없다.

지금도 늦지 않았다. 아이가 어리면 어린 대로, 크면 큰 대로 지금부터라도 끈끈한 친밀감을 쌓기 위해 노력해야 한다. 말하지 않아도 되는 '속정 시대'는 아버지 세대로 끝났다. 이제 적극적으로 표현하고 말해야 된다. 아이와 끈끈한 친밀감을 쌓기 위해서는 어떤 노력을 해야 할까?

첫째 애정 표현을 한다

아이가 어리다면 많이 안아주고, 뽀뽀해주고, 사랑한다고 적극적으로 말해주는 것이 좋다. 특히 퇴근 후 아이를 무릎에 앉힌 뒤 "아빠는 우리 ○○와 이렇게 있으면 피로도 확 풀리고 정말 행복해."라고 말해 보자. 아이는 자신이 아빠와 있는 것만으로도 아빠에게 힘이 된다는 사실에 자존감이 높아진다. 만약 아빠가 안아주는 것을 쑥스러워할 만큼 아이가 컸다면 적극적인 스킨십에 오히려 거부감을 느낄 수 있으므로 아이를 부를 때 '사랑하는 아들(딸)', '멋진 아들', '예쁜 딸' 식으로 아이의 이름 앞에 아이가 좋아할 만한 단어를 넣어 부르는 것도 좋은 방법이다.

둘째 함께 할 일을 공유한다

아이와 함께 할 일을 만들어본다. 운동하기, 목욕하기, 요리하기, 청소하기, 산책하기, 엄마 심부름하기, 재활용 쓰레기 버리기 등 함께 해야 할 일도 많다. 처음부터 많은 것을 함께 하기에는 무리가 있으므로 현재 상황에서 할 수 있는 것 한 가지만 정해서 꾸준히 해 보자. 예를 들면 토요일 오전은 함께 운동하고 목욕탕에 간다거나 매주 일요일이 재활용 쓰레기를 버리는 날이면 함께 버리는 식이다.

이렇게 함께 무언가 하는 날은 꾸준히 지속되는 것이 중요하므로 반드시 지키려고 노력하고 이때 함께 있는 시간만큼은 서로에게 집중해야 하므로 통화를 하거나 스마트폰에 시선을 두는 행동은 금물이다.

셋째 아내에게 적극적으로 도움을 요청한다

아이와 많은 시간을 보내지 않은 아빠들은 아이의 현재 심리 상태나 관심사, 놀이 등에 대해서 잘 모른다. 그러므로 아내에게 적극적으로 아이의 근황에 물어보고 아이의 스케줄에 대해 관심을 가질 필요가 있다. 만약 좀 더 적극적인 아빠가 되고 싶다면 아이의 어린이집 주간 계획표나 알림장을 꼼꼼히 확인하고 아이가 학교에 다닌다면 중간고사, 기말고사, 교내 행사 등 아이의 학교 스케줄을 정리해 지갑에 넣고 다니는 것도 좋은 방법이다. 아이의 스케줄만 알아도 대화 내용이 훨씬 풍부해진다.

넷째 잃어버린 동심을 찾기 위해 노력한다

아이와 점점 소통이 안 되는 이유는 부모가 동심을 잃어버리기 때문이라는 말이 있다. 순수하고 웃음 가득했던 동심만 되찾아도 아이를 이해하는 데 훨씬 도움이 된다. '아이 앞에서 체면이 떨어진다'는 생각은 버리고 아이의 눈높이에서 함께 웃고 장난치고 아이의 행동을 따라해 보자. 아무것도 아닌 일로 깔깔 웃고 즐거워했던 그때 그 시절의 동심으로 하루 빨리 돌아갈 수 있을 것이다. 도저히 동심 찾기가 어렵다면 어릴 때 추억의 거리 걷기, 추억의 장난감 모으기, 어릴 때 친구 찾아 만나기 등 '동심 찾기'라는 미션을 만들어 적극적으로 노력하는 것도 좋은 방법이 된다.

다섯째 아이의 친구들을 소중히 여긴다

친구들 앞에서 아이를 혼내거나 아이의 친구들을 함부로 대하는 아빠들이 있다. 친구들 앞에서 혼난 아이는 아빠에게 적대감을 키우고, 친구들을 함부로 대하는 아빠를 혐오하게 된다. 그러므로 아이가 잘못을 했거나 설령 겉보기에 좋지 못한 친구들과 어울린다고 하더라도 무조건 혼내는 대신 아이 친구들을 초대해 맛있는 것도 사주고, 아이들을 더욱더 따뜻하게 품어보자.

특히 이성 친구는 더욱더 세심하게 신경 쓰는 편이 좋다. 영화 티켓을 사주거나 둘의 기념일 날 선물을 사주는 등 적극적으로 아이를 응원해 보자. 친구들에게서 "너희 아빠 진짜 멋있다. 최고다."라는 소리를 듣게 되면 아이도 아빠를 인정하고 다가온다.

여섯째 듣는 능력을 키운다

많은 아빠들이 말하는 능력만 있고 듣는 능력은 훈련되어 있지 않다. 본인이 하고 싶은 말만 하다 보면 아이의 말을 들을 기회를 놓쳐 버린다. 아이는 어릴 때부터 끊임없이 아빠와 이야기하고 싶고 함께하길 원한다는 신호를 보낸다. 하지만 아빠가 본인이 원하는 대로만 하다 보면 눈은 멀고 귀는 닫혀 버린다. 당연히 아이의 마음도 안 보이고, 말도 안 들린다.

이제부터는 하고 싶은 말이 있더라도 꾹 참고 아이가 하는 이야기를 들으려고 노력해 보자. 아빠가 입을 닫고 귀를 연 순간 아이의 마음도 활짝 열릴 것이다.

일곱째 TV와 컴퓨터를 치운다

TV가 있으면 보고 싶은 게 사람의 마음이다. 하지만 TV는 아이들과의 시간은 물론 가족과의 대화를 앗아가는 주범이다. TV를 없애는 것이 가장 좋지만 없앨 자신이 없다면 구석진 곳으로 옮기거나 가림막으로 가려서 최대한 눈에 띄지 않게 하는 게 좋다.

TV 대신 책장과 테이블을 두어 서로 독서를 하고 대화를 나누는 거실 문화를 만들어보자. TV만 치워도 아이들의 상상력이 커지고 책을 읽을 수 있는 분위기가 조성된다.

아빠와 친밀감을 쌓을 수 있는 아빠표 책 읽기 노하우

1. 시간 나는 대로 미리 읽어본다
무슨 내용인지 알아야 어떻게 읽어주고, 어떤 타이밍에서 질문을 할지 알 수 있다. 아내에게 팁을 얻어 틈틈이 아이가 좋아하는 책을 읽어보자. 아이의 책을 꾸준히 읽다 보면 아이와 나눌 이야깃거리가 풍부해지고 아빠의 상상력도 풍부해진다.

2. 다 읽어주려는 욕심을 버린다
아빠들은 목표 지향적이라 한 번 가져온 책은 끝까지 읽어야 직성이 풀린다. 하지만 책을 읽는 가장 큰 이유 중 하나는 '교감'이다. 일단 표지 그림이나 제목을 보면서 이야기를 나누고 읽는 중간이라도 아이가 지루해하면 과감히 덮고 책을 이용한 놀이나 책에 나온 그림 함께 그리기 등 연계 놀이로 유도해 본다.

3. 인내심을 가진다
아이들은 책을 읽어주는 중간에 딴 짓을 하기도 하고, 수십 번 읽어줬던 책을 또 읽어달라고 가져오기도 한다. 그럴 때면 짜증이 확 밀려오곤 하지만 가급적 짜증 대신 참을 인 자를 가슴에 새기며 기다려주자. 특히 좋아하는 책은 읽을 때마다 다른 상상의 나래를 펼치므로 똑같은 내용이라고 할지라도 목소리 톤이나 주인공 이름에 아이 이름 넣기 등 방법을 달리해 읽어준다.

4. 아이의 관심사에 맞는 책을 읽어준다
아이는 놀고 싶은데 책 좀 읽자고 붙들면 자칫 책에 대해 거부감만 키울 수 있다. 아이가 놀고 싶어 하면 일단 실컷 놀게 한 뒤 아이가 재미있게 한 놀이에 관한 책을 읽어주는 것도 좋은 방법이다. 만약 아이가 자동차를 가지고 놀았다면 자동차에 관한 책을 읽어주거나 병원 놀이를 했으면 의사 선생님에 관한 책을 읽어주는 식이다.

5. 함께 토론을 한다
아이가 어느 정도 커서 대화가 가능하다면 책 내용에 대해서 함께 토론을 해 보는 활동도 좋다. 아이에게 책 줄거리를 요약하게 해 보고 주인공의 행동이 바람직했는지, 만약 나라면 이 상황에서 어떻게 했을지 등 책에 대해서 토론을 하다 보면 아이의 생각하는 힘을 길러줄 뿐만 아니라 독서 몰입도를 증가시킬 수 있다.

PART 02

위기의 아빠, 존재감 있는 아빠

아빠 자신을 먼저 다스려라
| 수신제가의 법칙 |

일을 하다 보면 다양한 사람들을 만날 기회가 많은데 이들 중에는 사회적 명성도 높고 SNS상에서 유명한 사람들도 꽤 있다. 그들의 멋진 활약상을 보고 있노라면 대단하다 싶으면서도 '가족들이 참 외롭겠다'는 생각이 든다. 아침부터 저녁까지 외부 활동에 올인하다 보면 아무래도 가정에는 소홀할 수밖에 없기 때문이다.

몇 년 전, 〈우리 아빠가 달라졌어요〉라는 프로그램을 진행한 적이 있었다. 가정 내에서 달라지고 싶은 아빠와 그 가족을 각 분야의 전문가들이 코칭해주는 프로그램이었는데 이 프로그램을 통해 만난 한 아빠 역시 마찬가지였다.

　중소기업을 운영하는 그는 다양한 활동으로 그 분야 및 SNS상에서 꽤나 알려져 있었다. 그가 이 프로그램에 참여하게 된 결정적인 이유는 딸 때문이었다. 그동안 바깥 활동에 집중하느라 가정에 신경을 많이 못 쓴 사이에 아이는 어느새 훌쩍 자라 있었고, 아빠에 대한 서운함과 적대심도 커져 있었다. 아빠를 부정하고 피하기 시작하는 딸의 행동이 예사롭지 않자 덜컥 겁이 났다는 그의 고백을 뒤로 하고 딸의 진짜 속마음을 듣기 위해 아이를 만났다. 아빠에 대한 느낌을 말해달라는 말에 아이는 한마디로 대답했다. "아빠에게 우리 가족은 없어요." 아이의 말에 하루에도 SNS에 수십 개씩 올라오는 그의 글들이 오버랩되면서 머리가 지끈거렸다. 집에서도 스마트폰을 들여다보느라 가족들과 눈 한 번 마주치지 않는 아빠는 주말에 교회 갔다와서 외식하는 것으로 아빠 역할을 다했다고 착각하는 것 같다는 아이의 말에 가슴이 찌릿했다. 얼굴도 모르는 사람들과 온라인상에서 소통하느라 정작 자신의 옆에 있는 가족들과는 눈 한 번 마주치지 않는 현실이 씁쓸하기만 하다.

　다행히 3개월간의 코칭으로 가족의 소중함을 깨달은 그는 외부 활동과 SNS를 줄이고 다정한 남편과 아빠로 돌아가기 위해 노력했다. 딸과도 사이가 많이 좋아졌는지 종종 딸과 즐거운 한때를 보내는 그의 모습을 SNS상에서 발견할 때면 흐뭇한 미소가 절로 나온다.

바깥일 잘 되려면 나와 가정부터 잘 챙겨야

'수신제가치국평천하'라고 바깥에서 큰일을 하려면 모름지기 자기 자신과 가정을 잘 다스리는 것이 기본 중에 기본이다. 이를 잘 실천한 대표적인 사람은 세계적인 자동차 제작 회사 포드의 창설자이자 자동차 왕으로 불리는 헨리 포드다. 농부의 아들로 태어나 열심히 노력한 끝에 부와 명성을 얻게 된 그는 거부가 된 뒤에도 농촌의 작고 초라한 집에서 검소하게 살았다. 사람들은 그에게 직함에 걸맞게 크고 화려한 집에서 살아야 하지 않느냐는 반문을 했고 그럴 때마다 그는 가정을 바로 세우는 것이 중요하지 건물을 세우는 것은 문제가 아니라고 답했다. 또한 80세 생일 만찬에서 "당신이 이룬 일들 가운데 가장 크고 중요하게 여기는 일은 무엇이냐?"라는 질문에 그는 단 1초의 망설임도 없이 '가정'이라고 답했다.

가정의 소중함은 알지만 일상의 많은 유혹들을 뿌리치고 가정을 먼저 챙기는 것은 쉽지 않다. 특히 성공에 대한 야망이 늘 꿈틀대는 남자들은 더욱더 그렇다. 그렇다 보니 소중한 '가족'을 잃고서야 자신이 이룬 것이 아무 의미가 없음을 깨닫는 경우가 많다. 우리도 나이를 먹어 누군가가 "일생에서 가장 잘한 일이 무엇이냐?"라고 물었을 때 당당히 '가정을 잘 꾸린 일'이라고 말할 수 있으려면 지금부터라도 노력해야 한다. 이 세상에 공짜로 얻어지는 것은 없으니 말이다. 그렇다면 수신제가를 위해 어떤 노력을 기울여야 할까?

첫째 건강 관리를 잘한다

결혼을 하고 가정을 꾸린 이상 내 몸은 내 몸이 아니다. 내 몸은 가족의 공동 소유물인 만큼 함부로 혹사시켜서도 방치해서도 안 된다. 정기적으로 건강 검진을 받고 주 3회 이상 운동을 하며 몸에 해로운 술과 담배를 자제한다. 이는 주로 아내들이 남편에게 하는 잔소리이자 부탁이자 협박이기도 하다. 아내 말을 잘 들으면 자다가도 떡이 생긴다는 말도 있듯이 아내 말을 잘 들어서 나쁠 것이 없다. 아내가 병원에 가랄 때 가고 술과 담배 좀 끊으라고 하면 끊기 위해 노력해 보자. 종종 어디가 아프거나 몸이 힘들 때가 있는데 이는 몸이 보내온 신호이므로 무시하지 말고 몸이 보내는 신호에 적절히 반응하고 대처한다.

둘째 삶의 우선 가치를 정한다

삶의 가치를 어디에 두냐에 따라 인생의 방향이 바뀐다. 하지만 삶의 가치도 확고한 우선순위를 정해놓지 않으면 상황에 따라 자꾸 타협을 하게 된다. 예를 들면 퇴근하자마자 집에 들어가 아내와 함께 저녁을 먹기로 했음에도 불구하고 누군가가 술 약속을 제안하면 수락하는 식이다. 이런 사람에게는 가정보다도 친구, 술이 우선이다. 일순위에서 밀려난 가족들은 당연히 서운할 수밖에 없다. 그러므로 내가 내 인생의 배를 어디로 항해할 것인지 생각해 보고 이를 위해 가장 먼저 해야 할 것에 대한 확고한 원칙과 기준을 만들어본다.

셋째 몸과 마음을 다스린다

화가 날 때 그 순간을 참지 못하고 소리 지르고, 비난과 저주를 퍼붓다 보면 정작 힘든 사람은 상대방이 아니라 바로 나 자신이다. 화를 내면 스트레스 호르몬이 증가해 몸에 치명적인 독을 만들어낼 뿐만 아니라 내가 뱉은 말은 고스란히 되돌아와 내 마음까지 공격한다. 그러므로 평소 마음이 외부의 사람이나 상황에 쉽게 흔들리지 않도록 몸과 마음을 단련할 필요가 있다. 기도, 명상, 운동 등 무엇이든 좋다. 각자 자신의 상황에 맞게 하되 짧은 시간이라도 매일 꾸준히 하는 것이 중요하다. 만약 별다른 수련법을 찾지 못했다면 화내기 전 3초간 심호흡이라도 해 보자. 집중해 3초간 심호흡을 하다 보면 마음이 진정됨을 느낄 수 있다.

넷째 게임, 도박을 조심한다

호기심으로 시작한 게임과 도박이 나와 가족 모두를 불행에 빠뜨릴 수 있다. 중독성이 강한 만큼 처음부터 조심해야 한다. 아예 시작을 말거나 이미 시작했다면 서서히 관심을 다른 곳으로 옮기도록 노력해야 한다. 누군가는 스트레스 해소용으로 하는 건데 이것도 안 되냐며 반문하겠지만 컴퓨터 앞에 앉아서 게임과 도박을 하는 아빠의 모습을 아이가 그대로 따라 할 수 있음을 기억해야 한다. 만약 내 아이가 게임 중독 현상을 보여도 스트레스 해소용은 괜찮다고 할 것인가? 아이가 하지 말았으면 하는 행동은 아빠부터 하지 말아야 한다.

다섯째 적절히 휴식을 취한다

몸이 피곤하면 만사 귀찮고 집중력도 떨어진다. 그러므로 적절히 휴식을 취하면서 내 몸의 상태를 최상으로 만들기 위해 노력해야 한다. 학교에 다닐 때 50분 수업 후 10분간 쉬었던 데는 다 이유가 있다.

직장에서도 40~50분 동안 업무에 집중했다면 반드시 휴식을 취하는 습관을 갖는다. 이때 많은 사람들이 인터넷 서핑을 하거나 스마트폰으로 SNS를 하곤 하는데 이는 오히려 몸을 더 피곤하게 할 수 있으므로 자리에서 일어나 스트레칭을 하거나 가까운 공원이라도 걸으면서 맑은 바람을 쐬어주는 것이 업무의 효율성을 높이는 데에는 더 효과적이다. 그리고 우리나라는 업무 강도와 시간이 너무 세고 길다. 무조건적으로 대세의 흐름에 묻히지 말고 내 몸의 상태를 봐가면서 요령껏 일하는 것도 가정을 책임지는 가장으로서의 의무이자 도리이다.

여섯째 내 입에서 나오는 '언어'를 관리한다

매일 어떤 언어를 사용하느냐에 따라서 삶은 달라진다. 입만 열면 다른 사람 험담을 하거나 "난 못 해! 할 수 없어!" 등의 부정적인 소리를 한다면 말은 곧 씨가 되어 삶을 피폐하게 만들 것이다. 세계 최고의 부자인 빌 게이츠가 아침마다 일어나서 자신에게 하는 말은 "오늘은 큰 행운이 나에게 있을 것이다."와 "나는 뭐든지 할 수 있어."이다. 내가 평소 사용하는 단어가 무엇인지 점검해 보고 부정어를 긍정어로, 남에 대한 험담은 칭찬으로, 패배의 언어는 성공의 언어로 바꿔보자. 긍정어와 칭찬, 성공의 언어가 입에 밴 순간 나에게 놀라운 일들이 생겨날 것이다.

일곱째 아내를 귀하게 여긴다

밖에서 아무리 많은 사람들에게 인정을 받아도 가정에서 아내의 존경을 받지 못한다면 남자로서는 실패한 인생이다. 아내의 입을 통해 이미 아이들도 아빠를 자신의 삶에서 배제했기 때문이다. 인생에서 아내를 최우선으로 삼고 귀하게 여기면 집안이 평안하고 아이들도 잘 큰다. 든든한 가족의 응원에 힘입어 하는 일도 잘된다. 그러므로 항상 아내를 사랑하고 존중하며 아껴준다. 만약 어떻게 하는 것이 아내를 기쁘게 해주는 건지 모르겠으면 아내에게 직접 물어보자. 아내가 바라는 내용을 적어 한 개씩 실천하다 보면 어느새 아내뿐만 아니라 나 자신까지 행복해져 있음을 깨닫게 될 것이다.

BONUS

내가 나를 응원하고 사랑하는 방법

어릴 때부터 감정 표현을 억제하도록 교육받아와서 남자들은 힘들고 주저앉고 싶을 때 어떻게 해야 할지 몰라 당황스럽다. 가족에게 솔직한 심정을 털어놓고 위로와 격려를 받는 것도 좋지만 아직은 자존심이 허락하지 않는다면 내가 나를 응원하는 방법을 익혀보자.

1. 스스로의 이름을 부른다
"○○야~" 하고 다정하고 따뜻한 목소리로 자신의 이름을 불러보자. 내가 내 이름을 불러주는 것만으로도 내 안의 상처받고 아프고 슬픈 자아는 많은 위로를 받는다.

2. 남에게 받고 싶은 위로의 메시지를 스스로에게 전해준다

가족 혹은 다른 누군가에게 받고 싶은 위로 메시지 예를 들면 "넌 지금도 잘하고 있어.", "훌륭해.", "괜찮아.", "너 정도 되니까 이렇게라도 할 수 있는 거야.", "넌 참 괜찮은 사람이야." 등을 스스로에게 전해준다. 마음속으로 되뇌이거나 글로 남겨도 좋고 만약 주변에 아무도 없다면 거울을 보고 크게 소리 내어 말해 보는 것도 좋다. 처음에는 쑥스럽고 어색하지만 하다 보면 내가 나에게 해주는 응원만큼 힘이 되는 것도 없음을 알게 된다.

3. 스스로에게 선물을 해준다

난 누군가를 위해 희생하려고 태어난 사람도, 돈만 버는 기계도 아님을 깨달으며 누구보다도 열심히 살고 있는 스스로를 위해 매달 작은 선물을 준비해 본다. 평소 읽고 싶었던 책을 사도 좋고 마사지를 받아도 좋으며, 돈을 모아 카메라를 사도 좋다. 내가 행복해야 가족도 행복함을 잊지 말고 나를 행복하게 만드는 일들을 꾸준히 만들고 실천해서 행복의 크기를 키워보자.

지식이 아닌 지혜를 가르쳐라
| 지혜 교육의 법칙 |

　어떤 아빠가 아이들을 올바르게 성장시키고 좋은 방향으로 이끌 수 있을까? 많이 배워 지식이 많고 똑똑한 아빠일까 배움은 짧지만 삶을 살아가는 지혜가 풍부한 아빠일까?
　정답은 지식이 아닌 지혜가 풍부한 아빠이다. 물론 지식이 많은 아빠가 지혜까지 갖췄다면 금상첨화겠지만 그렇지 않다면 아빠의 지식은 자칫 아이의 삶을 옭아매는 올무가 될 수 있다.
　아버지학교에서 만난 한 아빠는 엘리트 코스만 밟은 수재였다. 수능 결과 발표 다음 날이면 어김없이 등장하는 "학원 한 번 안 다니고

교과서로만 공부했어요."라고 말하는 사람이었다. 본인은 어려운 환경에서도 열심히 공부해 좋은 성적을 냈는데 풍족한 환경에서 자라고 원하는 대로 다 해주는데도 만족할 만한 성적을 못 내는 아이가 도저히 이해가 되지 않았다. 그러다 보니 아이의 행동 하나하나가 마음에 들지 않아 아이를 볼 때마다 "넌 도대체 뭐가 부족해서 이 모양이냐…."로 시작되는 폭풍 잔소리를 쏟아냈다고 한다. 지난 번 시험보다 떨어진 성적표를 받는 날에는 "학교 때려치워!"라고 소리를 지르며 가방을 밖으로 던져 버렸을 정도였다.

아이는 점점 아빠 앞에서 주눅이 들었고 아빠는 넘지 못할 거대한 산이 되어 아이의 인생을 가로 막았다. 아빠의 말이 씨가 되어 결국 아이는 학교를 그만뒀고 아빠는 방황하는 아이를 보고서야 자신의 행동에 대해 깊은 반성을 했다고 한다. 만약 이 아빠가 눈앞의 성적에만 연연해하지 않고 넓은 시야로 아이의 미래까지 내다봤다면 지금쯤 아이는 어떻게 됐을까?

지식보다 지혜 교육이 먼저다

아빠는 아이의 일생에 엄청난 영향력을 끼치는 사람이다. 그러므로 아빠는 아이의 성장 속도에 맞춰 열심히 지식을 쌓고 삶의 경험을 바탕으로 지혜를 알려줘야 한다. 지식만 있고 지혜가 없어도 안 되고, 지식은 없고 지혜만 있어서도 안 된다.

지식과 지혜는 언뜻 비슷해 보이지만 크게 다르다. 지식이 사물에 대한 정보 즉 '무엇이냐(What)'에 대한 공부라면, 지혜는 현명한 판단력 즉 '어떻게 대처하느냐(How)' 하는 방법을 배우는 공부이다. 유대인들은 지식에 앞서 지혜를 가르친다. 지혜로워야 지식도 제대로 활용할 수 있다고 보기 때문이다. 《탈무드》에는 '물고기를 주어라, 한 끼를 먹을 것이다. 물고기 잡는 법을 가르쳐주어라, 평생을 먹을 것이다'라는 말이 있다. 이는 지식을 주입식으로 넣어주면 점차 살아가는 힘을 잃지만 살아가는 방법 즉 지혜를 가르치면 평생을 지탱해주는 힘의 원천이 된다는 의미이다.

하지만 우리나라의 자녀 교육은 대부분 '지식 향상'에 초점이 맞춰져 있다. 무조건 많이 배워야 한다는 생각에 빚을 내가면서 사교육을 시키고 이사나 이민도 마다하지 않는다. "넌 공부만 해! 나머지는 엄마, 아빠가 다 알아서 할게." 식의 문화가 뿌리 깊게 자리 잡혀 있다 보니 좋은 대학을 나오고 아는 것은 많지만 자기 앞가림도 제대로 하지 못하는 헛똑똑이들이 참 많다.

그리스의 철학자 헤라클레이토스는 "많은 공부와 지식이 지혜로 연결되는 것은 아니다."라고 했으며 하버드대학교의 어떤 교수 역시 "내가 길러낸 졸업생 중 다수가 감옥에 있다."며 지혜 없는 지식 교육의 심각성을 말하기도 했다. 그렇다면 어떻게 해야 아빠 스스로도 지혜를 갖추고 아이에게도 지혜 교육을 시킬 수 있을까?

첫째 변화를 즐겨야 한다

지식만 쫓는 사람은 편견이 많고 고정 관념에 얽매일 가능성이 높다. 정답은 늘 하나이며 그 외의 다른 것들은 틀렸다고 생각하기 때문에 생각의 유연성이 없다. 공자는 "늘 행복하고 지혜로운 사람이 되려면 자주 변해야 한다."고 말했다. '사람 구실하려면 공부를 잘해야 한다', '좋은 대학만 나오면 된다', '남자들은 사회 활동이 중요하기 때문에 가정에 좀 소홀해도 된다' 등 고정화된 사고와 이에 따른 행동들을 시대의 흐름, 변화된 환경, 아이들의 성장 속도 등에 따라 변화시켜야 한다. 이를 위해서는 내 고집만 내세우기보다 열린 마음을 갖고 가족을 비롯해 주변 사람들 말에 경청하는 자세를 가져야 한다.

둘째 아이 문제, '나'를 먼저 되돌아본다

아이에게 문제 행동이 나타날 때 똑똑한 아빠는 아이를 고치기 위해 소문난 클리닉들을 찾아다니지만 지혜로운 아빠는 자신을 돌아보고 자신에게 문제가 있었던 것은 아닌지, 스트레스를 가족들 특히 아이에게 풀었던 것은 아닌지, 본인에게 우울증이 있는 건 아닌지 살펴본다.

만약 자신에게 문제가 있다고 판단되면 적극적으로 나서서 치료하고 해결 방안을 모색한다. 소아 우울증이나, 주의력 결핍 과잉 행동 장애(ADHD), 자폐증, 비언어성 학습 장애 등 여러 가지 문제는 부모가 먼저 바뀌면 아이들의 상태도 많이 상당히 호전되는 것으로 나타났다.

셋째 선조들의 지혜를 배운다

유대인들이 지혜의 보고서인 《탈무드》를 통해 자녀들에게 지식과 지혜를 가르쳤듯 우리나라에도 《소학》, 《논어》, 《명심보감》,

《채근담》 등 조상들의 지혜를 들려주는 책들이 많다. 이러한 책들을 꾸준히 읽으면서 아빠 먼저 삶의 지혜를 배우고 배운 내용을 아이들에게 가르친다.

함께 읽고 토론을 해도 좋고 마음에 와 닿은 구절을 가족들에게 문자나 메신저로 보내도 좋다. 만약 아이가 어리다면 일상에서 자주 쓰는 사자성어를 알려주고 뜻풀이, 어떤 상황에서 나올 수 있는 말인지 여러 가지 상황에 대입해 알려주는 것도 좋은 방법이다. 주말을 이용해 선조들의 혼을 직접 느낄 수 있는 곳으로 역사 기행을 떠나는 것도 좋다.

넷째 어른을 공경한다

과거가 없으면 현재도 미래도 없다. 《탈무드》에 '노인을 존중하지 않는 청년에게 행복한 노후란 없다'라는 말이 있을 정도로 유대인들은 할아버지, 할머니 등 조상에 대한 공경심이 각별하다. 할아버지, 할머니에 대한 존경심은 자연스레 부모에 대한 존경심으로 이어져 '효'를 행할 수 있다. 아빠가 먼저 조상님과 부모님을 공경하고 어른들이 하신 말씀을 소중히 여긴다. 또한 부모님에게 아이들이 자주 전화를 드리거나 편지를 쓰게 하고, 시간이 나는 대로 온 가족이 함께 찾아가 어른들을 자주 뵙는다.

다섯째 우리 집만의 가족 문화를 만든다

명문 사대부가에는 그 집만의 독특한 전통과 문화가 있다. 대대로 내려오는 집안의 가풍을 자손들이 존중하고 이어받아 대대손손 물려주는데 조상들에게 물려받은 삶과 지혜, 가치관은 자손들이 삶을 진실되고 지혜롭게 살아가는 데 자양분이 된다. 집안 대대로 딱히 물려줄 철학이 없더라도 가족끼리 머리를 맞대어 함께 잘하고 있는 것이나 좋아하는 것을 찾아 이를 문화로 만든다. 가훈, 가치관, 생활 방식, 가족 사랑 표현법 등을 우리 집만의 방식을 만들고 지속적으로 지켜나갈 때 1년, 2년 축적되면서 우리 가족만의 자랑스러운 문화로 자리 잡을 것이다. 이러한 내용을 기록해 책자 형태로 만드는 것도 좋다. 과거의 역사는 오늘을 돌아보게 하고 내일을 더욱더 빛나게 해주는 밑거름이다. 이러한 작업을 통해 후손들에게 자신을 정체성을 느끼게 해주고 삶의 가치관과 지혜를 남겨줄 수 있다.

BONUS
알아두면 좋을 만한 우리 선조들의 지혜

이덕무의 《사소절》
"글을 가르치는 데 있어서는 많이만 가르칠 것이 아니라 그 자질을 헤아려서 능히 200자를 배울 수 있는 자에게는 100자만 가르쳐 항상 정신과 역량이 남아돌게 하면 싫증을 낼 염려가 없고 자득하며 좋은 성과가 있을 것이다. 어린아이에게 글을 가르쳐줄 때는 많은 분량을 가르쳐주는 것은 절대 금기이다."

총명한 아이가 조금만 읽어서 잘 외는 것도 좋은 일이 아니거니와 둔한 아이에게 많은 분량을 읽히게 하는 것은 마치 약한 말에 무거운 짐을 실은 것과 같으니 어찌 멀리 갈 리가 있겠는가? 어린아이에게 글을 가르쳐줄 때에는 번거롭게 말을 하는 것이 가장 금기이다. 모름지기 그 제품(우열)의 고하에 따라 상세하면서도 간략하게 해석해주어야 한다."

《동의보감》이 전하는 열 가지 한방 육아법 〈양자십법〉
- 등을 따뜻이 한다.(요배난)
- 발을 따뜻하게 한다.(요족난)
- 머리를 서늘하게 한다.(요두난)
- 배를 따뜻하게 한다.(요복난)
- 가슴을 서늘하게 한다.(요심흉냉)
- 괴물을 보이지 않는다.(요물견괴물)
- 먹는 것이 따뜻해야 한다.(요비위상온)
- 아기가 울 때는 젖을 먹이지 말아야 한다.(제미정물사음유)
- 함부로 독한 약을 주지 않는다.(물복경분주사)
- 태어난 지 얼마 안 되는 아기는 자주 씻기지 말아야 한다. (소세욕)

도리도리 짝짝꿍에 담긴 지혜 〈단동십훈〉
- 제1훈 불아불아(佛亞佛亞): 아이의 허리를 잡고 좌우로 기우뚱기우뚱하는 것으로 '불'은 이운(좋은 운)이 하늘에서 내려오고 '아'는 땅에서 올라간다는 의미로 출생의 이치를 일깨우고 있다.
- 제2훈 시상시상(詩想詩想): 아이를 앉혀 놓고 앞뒤로 끄덕끄덕 흔들면서 '시상시상' 말하는 것으로 조상과 조물주의 뜻에 순종하고 어른을 공경해야 한다는 진리를 담고 있다.
- 제3훈 도리도리(道理道理): 머리를 좌우로 흔드는 것으로 이

리저리 생각해 하늘의 이치와 천지 만물의 도리를 깨치라는 의미이다.
- 제4훈 지암지암(持闇持闇): 잼잼으로 알려져 있으며, 다섯 손가락을 쥐었다 폈다 하면서 '쥘 줄 알았으면 놓을 줄도 알라'는 가르침을 내포하고 있다.
- 제5훈 곤지곤지(坤地坤地): 오른손 집게손가락으로 왼손 손바닥을 찍는 시늉을 하면서 사람과 만물이 서식하는 천지간의 이치를 깨닫게 한다.
- 제6훈 섬마섬마(西摩西摩): 아이를 손바닥 위에 올려 세우는 것으로 남에게 의존하지 말고 스스로 일어서 굳건히 살라는 뜻이다.
- 제7훈 업비업비(業非業非): '애비애비' 하면서 아이가 하지 말아야 할 행동을 이를 때 하는 말로 커서도 도리에 어긋남이 없어야 함을 강조한다.
- 제8훈 아함아함(亞合亞合): 손바닥으로 입을 막는 시늉을 가리키며 입조심을 하라는 뜻이 담겨 있다.
- 제9훈 작작궁작작궁(作作弓作作弓): '짝짜꿍짝짜꿍' 하며 손바닥을 마주치는 것으로 음양의 조화를 상징한다.
- 제10훈 질라아비 훨훨의(羅呵備 活活議): 어떤 질병도 오지 말고 훨훨 날아가는 의미를 담고 있다.

아빠가 만드는
아빠의 존재감
| 절제력의 법칙 |

"아빠 미워! 아빠는 맨날 화만 내잖아!"

불과 몇 달 전까지만 해도 필자의 큰 아들이 아빠에 대해 자주 하는 말이었다. 큰 아들이 어릴 때부터 남편은 유독 아이와 부딪혔다. 작은 아들에게는 웃으며 넘어갈 일도 큰 아들에게는 화를 내고 소리를 지르며 매를 들었다. 물론 매사에 그랬던 건 아니지만 한두 번 참다 크게 폭발하는 식이었다. 평일에는 늦고 주말에는 피곤해하며, 함께 있을 때는 아이에게 화를 내는 생활이 반복되다 보니 어느 순간 아들도 아빠에게 하는 행동이 심상치 않았다.

한 마디를 하면 열 마디를 대꾸했으며, 아빠는 근처도 못 오게 할 정도로 까칠하게 대했다. 아빠는 아이의 그런 태도가 서운해 또 다시 화를 내고 아이는 아이대로 자꾸 어긋나는 악순환이 반복이 되면서 잉꼬 부부라 소문난 우리 부부는 이 문제로 싸우는 횟수가 늘어갔다.(엄마가 아이를 혼내면 혼냈지 아무리 아빠라고 하더라도 아이를 혼내는 모습을 지켜보는 것은 참 힘든 일이다)

그랬던 남편이 어린이날에 화를 참지 못하고 아이를 혼낸 이후 확 달라졌다. 자기반성과 함께 화라는 감정을 제대로 인식하게 된 것이다. 화를 인식하니 화가 났을 때 스스로 제어할 수 있고, 말로 감정을 표현함으로써 아이와 소통을 하게 되니 사이도 좋아지기 시작했다.

아빠의 태도가 변하자 아이 역시 아빠를 대하는 눈빛과 태도가 달라졌다. 아빠의 얘기에 귀를 기울이고, 아빠에게 매달리며 손을 잡고, 품속으로 파고들었다. 이러한 모습에 신이 난 남편은 아이에게 더욱더 잘하게 됨으로써 삐걱댔던 부자지간이 많이 회복됐다.

필자의 남편뿐만 아니라 많은 남성들이 감정 표현에 서툴고 화가 났을 때 어떻게 표현하고 대처해야 되는지 모르다 보니 아이와 친밀한 관계를 형성하는 데 어려움을 겪는다. 엄마는 아빠보다 아이와 함께 있는 시간이 많다 보니 화를 내는 횟수 또한 훨씬 많은 것이 사실이다. 하지만 엄마가 내는 화는 자잘한 짜증이 절반을 차지하고 어느 정도 예측이 가능하며 화를 내고 나서는 아이에게 미안한 마음에 감정을 빨리 수습하는 편이다. 하지만 아빠는 다르다. 주로 참다 폭발하는 식이어서 아이들이 예측하기 어렵고 엄마보다 강도가 훨씬 세며 감정을 수습하는 데도 시간이 걸려 아이들이 아빠 눈치를 보게 만든다.

아이와 좋은 관계를 맺고 싶은 아빠라면 '화'를 다스리는 방법을 먼저 아는 것이 중요하다. 그렇다면 아이에게 화가 날 때 어떻게 마음을 다스리고 대처해야 할까?

첫째 아이에 대한 기대치를 낮춘다

화가 나는 이유는 내가 원하는 대로 되지 않아서이다. 그러므로 아이는 내 소유가 아닌 독립적인 인격체라는 인식을 항상 가지고 있어야 한다. 아이에 대해 지나치게 높은 기대치를 갖거나 욕심을 부리다 보면 제대로 충족되지 않았을 때 화로써 아이를 응징하게 되는 경우가 많으므로 마음을 내려놓는 연습을 끊임없이 해야 한다. 마음을 비우면 기대치가 낮아져 작은 것에도 기뻐하고 감사하게 된다.

둘째 화가 나려는 마음을 감지한다

화가 났을 때 감정을 무조건 억누르다 보면 예기치 않은 상황에서 터지게 된다. 그러므로 화가 나려고 할 때 '지금 내가 화가 나려고 하네, 왜 화가 나는 거지?' 하며 감정 상태를 인식하고 화가 나는 이유를 빨리 찾는 것이 중요하다. 아이가 하는 행동이 마음에 들지 않으면 그에 대한 주의를 주고 몸이 피곤해서라면 아이에게 "아빠가 지금 너무 피곤해서 조금 쉬고 싶어. ○○가 자꾸 옆에서 시끄럽게 놀면 아빠가 화를 낼지도 몰라. 그러니까 아빠 20분만 쉬게 해줄래?"고 이야기를 한 후 협조를 구한다.

셋째 화가 난 이유를 설명해준다

아이에게 불같이 화를 냈거나 감정을 제어하지 못하고 매라도 든 날은 미안함과 '한 번만 참을 걸' 하는 후회스러움에 하루 종일 마음이 편치 않다. 그러므로 후회의 강을 건너는 우를 범하지 않기 위해서라도 무작정 화를 내기보다는 아이에게 무엇 때문에 아빠가 화가 났는지 설명해준다. 그러면 아빠도 말로 뱉는 순간 감정이 한결 순화되고 아이도 아빠가 어떤 상황에서 화가 나는지 알 수 있어서 좋다.

넷째 자리를 벗어난다

계속 화가 난다면 그 자리를 벗어나는 행동도 도움이 된다. 아이가 보이지 않는 곳에 가서 3초간 심호흡을 하거나 부엌에 가서 물을 마심으로써 감정의 흐름을 끊어줘야 한다.

만약 집에 있는 게 힘들다면 밖으로 나가 마음을 진정시키는 것도 좋다. 단 이때 화난 상태로 밖에 나가 버리면 아이는 아빠가 올 때까지 불안에 떨 수 있다. 그러므로 아이에게 "아빠가 지금 너무 화가 나서 잠깐 바람 쐬고 올게. 나갔다 오면 기분이 괜찮아질 거야." 하며 말을 한 뒤에 나가고, 갔다 와서는 반드시 아이에게 현재의 감정 상태에 대해서 말해주는 사후 작업을 해야 한다. 그렇지 않으면 아이는 아빠가 지금은 화가 풀렸는지 아직도 화가 나 있는지 몰라 계속 눈치를 보게 된다.

다섯째 평소 마음 그릇을 키운다

내 마음 그릇이 크고 단단하면 아무리 화가 나는 상황에 직면해 있다 하더라도 잘 이겨낼 수 있지만 그렇지 않을 경우에는 마음 그릇에 화가 차고 넘쳐 주변 사람들에게 부정적인 영향을 줄 수 있다. 그러므로 평소에 마음 그릇이 단단해질 수 있도록 스트레스 관리를 잘하고 내 마음의 감정 상태를 언어로 표현하는 연습을 하는 것이 좋다. 화라는 감정의 기본 속성은 두려움, 불안감, 속상함, 슬픔 등이다. 이런 감정을 느끼는 그대로 표현할 줄 알아야 마음이 건강해진다.

BONUS

아이가 화를 참지 못하고 자해를 하거나 물건을 집어던질 때

아이가 자기 뜻대로 되지 않을 때 벽에 머리를 박거나 물건을 집어던질 때가 있다. 그럴 때 무조건 "안 돼! 하지 마!" 하며 혼을 내는 건 아이의 행동 개선에 아무런 도움이 되지 않는다. 아이가 왜 그런 행동을 하는지 원인을 먼저 찾아야 한다. 화가 났다는 의사 표현일수도 있고 부모의 관심을 얻으려는 행동일 수 있으므로 관찰을 통해 원인을 파악한 다음 아이의 마음을 읽어준다.

하지만 이러한 행동은 반드시 교정이 되어야 하므로 아이에게 잘못된 행동임을 단호하게 알려줄 필요가 있다. 만약 얘기를 했는데도 계속해서 문제 행동을 한다면 무시하는 것도 하나의 방법이다. 부모의 관심을 끌기 위해 한 행동이 효과가 없다면 아이들은 제풀에 지쳐 그만둘 확률이 높기 때문이다.

마지막으로 화가 났을 때 감정을 어떻게 조절하는지 알려주는 교육도 매우 중요하다. 이는 주로 본보기를 통해 가르쳐주는 게 가장 효과적이므로 아빠가 화났을 때 스스로 잘 조절하는 모습을 보여준다. 펀치나 쿠션 등을 이용해 화가 날 때마다 이것을 때리라고 알려주는 것도 좋은 방법이다.

아이와의 약속은
반드시 지켜라
| 신뢰의 법칙 |

　아이들은 모두 천재로 태어난다는 말이 있듯이 가끔 아이들의 기억력에 깜짝깜짝 놀랄 때가 있다. 특히 어디를 가기로 했거나 뭘 사준다고 했던 약속은 절대 잊는 법이 없다. 필자의 두 아들 역시 마찬가지다. 어린이집 숙제를 하거나 시키는 일은 잘 잊으면서 엄마나 아빠가 뭘 사준다거나 어디를 가기로 한 약속은 잊지 않고 꼭 얘기를 한다.
　"열두 밤 기도하면 레고 사준다며! 오늘이 세 번째 밤이야."라고 말도 하고 가끔은 잠에서 완전히 깨기도 전에 "오늘 놀이동산 가기로 했지?"라고 약속을 재차 확인하며 다시 잠자리에 드는 경우도 있다.

그만큼 아이들은 부모가 하는 약속은 반드시 지켜질 것이라는 믿음과 기대를 가지고 있다. 그런데 부모가 자꾸 약속을 어기다 보면 아이들의 기대가 실망감과 분노로 바뀌어 반항적인 아이로 자랄 수 있다. "엄마, 아빠랑 오늘부터 양치질 잘 하기로 약속했지?" 또는 "오늘부터는 숙제 열심히 한다며!"라고 말해도 아이는 "엄마, 아빠도 약속 안 지키잖아!"라며 부모와 한 약속을 대수롭지 않게 여기게 된다. 나중에는 엄마, 아빠가 무슨 말만 해도 "에이, 거짓말!"이라고 하거나 "치, 또 안 해줄 거면서!" 하며 쉽게 믿으려하지 않는다.

아이에게 "엄마, 아빠가 언제 약속 어긴 적 있어?"라고 당당히 말할 수 있으려면 아이와 한 약속은 반드시 지키려고 노력해야 한다. 특히 바쁜 우리 아빠들이 자주 하는 말을 살펴보자.

"아빠가 책 내일 읽어줄게."

"다음에 장난감 사줄게. 열 밤 자면 사줄게."

"놀이동산은 다음 주말에 가자."

"지금은 피곤하니까 이따 놀이터에 가자."

아이들은 끊임없이 아빠에게 뭔가를 요구하고 피곤한 아빠는 순간을 모면하기 위해 건성으로 약속을 하는 경우가 많다. 문제는 생각나는 대로 대충 말한 만큼 쉽게 잊어버린다는 것이다.

약속 지키지 않은 아이 다그치기 전 아빠부터 점검해 보자

아이는 아빠가 내일 책 읽어준다고 약속했으면 일찍 들어와 읽어줄 거라고 기대하고 열 밤 자면 장난감 사준다는 말에는 열 밤을 손가락으로 세어가며 그날만을 기다린다. 하지만 막상 그날이 와도 아빠가 아무런 반응이 없으면 실망하고 떼를 쓰기 시작한다. 하지만 아빠는 역시나 똑같은 말만 되풀이한다. "다음에… 다음에… 다음에."

한 번 신뢰가 무너지면 관계 회복도 어렵고 점차 감정의 골만 깊어진다. "아빠도 약속 안 지키잖아."라는 아이 말에 "아빠하고 너하고 같냐?"라고 하거나 "이게 어디서!" 하며 눈을 부라려봤자 이미 아이 마음속에 아빠는 거짓말쟁이로 깊숙이 자리 잡혀 있다.

그러므로 아이에게 약속을 안 지킨다고 다그치기 전에 나는 과연 아이와 한 약속을 잘 지켰나 먼저 반성해 볼 필요가 있다. 지금까지 아이에게 신뢰감을 주는 아빠가 아니었다고 해서 너무 실망하거나 포기하지는 말자. 지금부터 열심히 노력하면 무너진 신뢰는 충분히 만회할 수 있다.

약속을 잘 지키는 아빠가 되기 위해서

첫째 지키지 못할 약속은 하지 않아야 한다

아이와 한 약속을 지킬 자신이 없으면 처음부터 하지 않아야 한다. 나중에 "아빠가 깜빡했네! 미안해."라고 어영부영 넘어가 버리면 아이는 아빠를 신뢰하지 않는다. 그러므로 반드시 지킬 자신이 있는 약속만 하되 아이가 무리한 요구를 해오면 처음부터 안 된다고 단호히 얘기를 한 뒤 그 이유를 설명해주자.

둘째 구체적으로 언제 지킬 수 있는지 아이에게 말해준다

예를 들어 아이가 놀이동산에 가자고 한다면 "놀이동산에 가고 싶어? 그래 가자! 그런데 아빠 일정을 좀 확인해 볼게. 아빠는 24일 토요일에 갈 수 있을 것 같은데… 지금부터 여덟 밤만 자면 돼. 우리 함께 손가락 세어가며 기다려볼까?" 하는 식으로 아빠가 언제 무엇을 하겠다고 구체적으로 아이에게 이야기를 해준다.

셋째 1인칭 화법으로 이야기한다

UCLA 심리학과 에드워드 가이젤먼 교수는 미국 법정 심리학 저널을 통해 거짓말을 하는 사람은 은연중에 정보가 흘러나올까 두려워 가장 핵심만 말할 수 있는 답문을 사용하기 때문에 대체적으로 대답이 짧으며, 1인칭 '나'라는 주어를 사용하지 않는다고 발표했다.

그러므로 아이와의 약속을 잘 지키는 아빠가 되고 싶다면 "아빠가 오늘 퇴근하자마자 바로 올게. 저녁 먹고 우리 산책가자."라는 식으로 1인칭 화법을 사용해서 구체적으로 말해야 그 약속을 지킬 가능성이 높아진다.

넷째 거래성 약속은 하지 않는다

대중교통을 타거나 식당 등 사람이 많은 곳에 갔을 때 아이가 부산하게 돌아다니면 "얌전히 앉아 있으면 내려서 아빠가 장난감 사줄게.", "여기 앉으면 게임하게 해줄게." 하는 식으로 약속을 남용하는 경우가 있다. 하지만 이런 약속은 지켜지지 않거나 지켜진다고 해도 아이에게 혼란만 줄 뿐이다. 그리고 이런 상황에서는 아빠가 평소 안 되는 일도 허용해준다는 것을 알고 그때마다 대가를 바라게 된다. 그러므로 그 순간을 모면하기 위한 약속은 처음부터 하지 않는 것이 좋다.

다섯째 엄마가 안 된다는 규칙을 선심성으로 활용하지 않는다

아이의 마음을 얻고자 엄마가 평소 안 된다고 만들어놓은 "밥 먹을 때 TV는 안 돼.", "밥 다 안 먹으면 간식은 못 먹어." 등 이미 합의된 규칙을 "엄마한테 비밀로 하면 아빠가 사줄게!" 혹은 "먹기 싫으면 그만 먹어. 이따 배고프면 간식 줄게."라는 식으로 어기다 보면 아이는 엄마와 했던 약속을 꼭 지킬 필요는 없다고 생각할 수 있다. 이는 엄마와 아이의 갈등을 유발하는 원인이 될 수 있으므로 엄마가 안 된다는 것은 아빠도 안 된다고 이야기하는 일관성을 가질 필요가 있다.

여섯째 약속을 지켰음을 상기시킨다

아이들은 약속을 지켰을 때보다 지키지 않았을 때를 더 잘 기억한다. 세 번 약속해서 두 번을 지키고 한 번을 불가피하게 못 지켰다고 해도 아이는 아빠를 약속 지키지 않는 사람으로 인식할 수 있다. 그러므로 약속을 지킬 때마다 아빠가 언제 한 약속을 지킨 것이라고 상기시키는 게 좋다. 아이들은 아빠가 약속을 지키려고 노력하는 모습을 보면서 '약속은 반드시 지켜야 하는 것이구나'를 배우게 된다.

일곱째 "아빠에게만 말하는 비밀이야."라고 말한 내용은 절대 발설하지 않는다

아빠랑 친밀도가 높은 아이들은 아빠에게만 비밀 이야기를 털어놓는 경우가 있다. 이때 아무에게도 말을 하지 않기로 약속을 했으면 아내에게도 절대 말하지 않는다. 아이와의 비밀을 자꾸 전하다 보면 아이는 아빠에게 말하면 엄마나 다른 사람들에게 전달될 수 있다는 인식을 하게 되어서 마음의 문을 닫아 버린다. 그러므로 아이의 동의 없이는 아내에게도 철저하게 비밀로 하면서 둘만의 약속을 지키기 위해 노력한다. 이러한 신뢰는 아이가 사춘기 때 큰 힘을 발휘한다.

BONUS
약속 잘 지키는 아이로 만드는 법

아빠 먼저 약속을 잘 지킨다
만약 부득이하게 약속을 지키지 못할 상황이 생긴다면 아이에게 충분히 양해를 구하고 언제쯤 지킬 수 있는지 구체적인 계획을 알려준다.

약속을 지켰을 때는 칭찬, 지키지 못했을 때 불이익을 준다
칭찬은 "잘했어."로 끝내는 것이 아니라 "아빠랑 집에 오면 손 씻기로 약속한 것을 지켜줘서 고맙네."라는 식으로 구체적으로 해주고 약속을 이행하지 않았을 때는 무조건 비난하고 화를 내는 대신 "TV 시청 이틀간 금지!" 식으로 아이가 약속을 지키지 않으면 좋아하는 일을 하지 못하게 함으로써 손해라고 생각하는 불이익을 준다.

약속에 대해서 꾸준히 인식시킨다
아이들은 한두 번 말한다고 해서 약속을 칼같이 지키지 않는다. 그러므로 아이가 반드시 지켜야 할 규칙을 정한 다음 아이가 잘 지킬 수 있도록 꾸준히 알려준다. 예를 들어 '식당에서는 뛰거나 장난치지 않기'라는 규칙을 정하고 아이와 그렇게 하기로 약속을 했으면 식당에 가기 전에 집에서 약속에 대해서 알려주고 식당으로 들어가는 입구에서, 자리에 앉았을 때 다시 한 번 상기시켜줌으로써 아이가 '하면 안 되겠구나'라고 확실히 인지하게끔 한다. 아이가 아빠와 약속한 대로 식당에서 얌전히 있었다면 반드시 칭찬을 해준다.

기본적인 예의를 가르쳐라
| 예의범절의 법칙 |

　지나가다가 씩씩하게 인사를 잘하는 아이들을 보면 흐뭇하고 "부모님이 아이를 잘 키우셨네."라는 소리가 절로 나온다. 인사는 사람이 살아가는 데 가장 기본적인 예절로 인사를 잘하는 사람은 그만큼 인성교육이 잘 되어 있음을 의미하기 때문이다.

　하나를 보면 열을 안다고 대개 인사를 잘하는 아이들을 보면 예의 바르고 사람에 대한 존중심이 있으며 몸과 마음이 건강하다. 마음속에 꼬인 게 없으니 언어 또한 바르게 나온다. 요즘 아이들이 욕과 비속어를 섞지 않으면 대화가 불가능한 현실 속에서 공손한 말버릇은 아이의 경쟁력을 높이기에 충분하다.

사랑받는 아이로 키우고 싶다면 예절부터 가르치자

　식당을 가보면 집집마다의 예절 상태를 알 수 있다. 바른 자세로 앉아 음식과 가족 간의 대화에 집중하는 아이가 있는 반면 제 집인 듯 소리 지르고 뛰어다녀서 눈살을 찌푸리게 하는 아이들도 있다. 식당이나 공공장소에서 버릇없이 굴거나 남에게 피해를 주는 행동은 엄하게 다스려야 함에도 "그만 해." 몇 마디를 하고는 방치하는 부모를 보고 있노라면 한심하다는 소리가 절로 나온다. 그나마 요즘에는 스마트폰으로 만화 영화를 보느라 식당에서 뛰어다니는 아이는 많이 줄어들긴 했지만 옆 테이블에 소리가 다 들릴 정도로 크게 틀어놓고 보거나 "이제 그만 끄고 밥 먹자."라는 말에 길길이 날뛰며 반항하는 아이를 통제하지 못해서 다른 사람에게 피해를 주는 경우도 비일비재하다. 얼마 전에는 게임을 하느라 밥을 먹지 않는 아이에게 아빠가 경고를 한 뒤 스마트폰을 빼앗자 아이가 옆에 있는 엄마를 때리고 아빠에게 숟가락을 던지는 모습을 보고 깜짝 놀랐다. 벌써부터 부모 말을 우습게 알고 버릇없이 행동하는 아이가 크면 어떻게 될지는 안 봐도 뻔하다.

　사람이 살아가는 데 필요한 기본적인 예절을 가정에서 바로잡아주지 않으면 아이는 친구를 사귀는 데 어려움을 겪는 것은 물론 어디를 가든 인격적인 대우를 받기 어렵다. 사랑하는 내 아이가 '버릇없다는 이유'로 사람들의 따가운 시선을 받으며 자라기를 원하는 부모는 없을 것이다. 부모의 바람대로 사람 구실을 하면서 어디서든 잘 살길 원한다면 기본적인 예절부터 철저히 가르쳐야 한다.

예절은 하루아침에 몸에 배는 것이 아니라 반복적인 훈련을 통해 만들어지는 습관이다. 그러므로 아이가 어릴 때부터 인내심을 가지고 꾸준히 가르치는 것이 부모 특히 가장인 아빠의 의무이자 도리이다.

예의범절을 어떻게 가르쳐야 할지 모르는 아빠를 위한 노하우

첫째 아빠가 먼저 모범을 보인다

아빠는 경비 아저씨나 주변 이웃을 보고도 그냥 지나치면서 아이에게만 인사를 강요하거나 아내에게 거친 말을 함부로 하면서 아이에게는 예쁘게 말하고 존댓말을 쓰라고 하면 아이의 반발심만 키울 뿐이다. 그러므로 아이가 갖췄으면 하는 모습은 아빠가 먼저 모범을 보이는 것이 좋다. 아이들은 엄마, 아빠를 따라 하고 싶다는 모방 심리가 강해서 아빠가 좋은 말, 좋은 행동을 하면 금방 따라 한다.

둘째 해도 되는 행동과 안 되는 행동에 대한 명확한 규칙을 정한다

아이가 해도 되는 행동이 있는가 하면 '공공장소에서는 뛰거나 큰 소리로 얘기하지 않기', '물건 집어던지지 않기', '어른 넘어 다니지 않기', '길거리에 쓰레기 함부로 버리지 않기' 등 하면 안 되는 행동들이 있다. 하면 안 되는 행동에 대해서 정확하게 인식시키고 이를 지키게끔 엄격하게 교육시킨다. 이때 엄격하게란 명령하며 강압적으로 시키라는 것이 아니라 부모가 일러준 규칙을 잘 지키게끔 유도하고 만약

지키지 않았을 때에는 단호하게 행동하라는 의미이다. 예를 들면 아빠 앞에서 장난감을 던졌다면 그 장난감을 바로 빼앗아 놀지 못하게 하는 것이다.

또한 부부가 일치된 규칙을 만들어야 한다. 간혹 아빠는 된다고 허락했는데 엄마는 안 된다고 하고 엄마는 허락한 일인데 갑자기 아빠가 안 된다고 반대하면 아이는 혼란스러워서 부모 눈치만 보게 된다. 그러므로 아이에게 규칙을 알려주기 전에 부부가 반드시 충분히 상의해 공통된 규칙을 만드는 것이 중요하다.

셋째 일관성을 갖는다

아빠가 기분에 따라 좋을 때는 그냥 넘어가고 안 좋을 때는 혼내는 식의 태도는 아이에게 혼란만 줄 뿐이다. 그러므로 한 번 안 되는 것은 무슨 일이 있어도 안 된다는 일관성 있는 태도를 갖는다. 간혹 딸 바보 아빠들이 딸의 눈물에 약해 무장 해제되는 경우가 있는데 이러한 모습은 아이를 더욱더 버릇없는 아이로 만들 수 있고 부부 갈등의 원인이 될 수 있으므로 주의한다. 아이들에게 '우리 아빠는 한 번 안 되면 안 돼!'라는 인식을 확실히 심어주면 아이 다루기가 훨씬 수월해진다.

넷째 상대방의 입장에서 감정을 이해할 수 있는 능력을 키워준다

아이가 공공장소에서 뛰거나 소리를 지를 때 "안 돼! 하지 마!"라고 무조건 혼내기보다는 "네가 이렇게 뛰어다니고 시끄럽게 하면 다른 사람들은 기분이 어떨까?" 하는 식으로 스스로 생각해 볼 수 있는 기회를 준다. 만약 주변에 비슷하게 행동하는 아이가 있다면 그 아이의 행동을 관찰하게 한 뒤 "자, 저렇게 뛰어다니고 시끄럽게 구는 모습을 보니 네 기분이 어때? 이런 곳에서는 어떻게 행동해야 할까?"라고 이야기해서 아이가 상대방의 입장에서 생각하고 행동할 수 있는 힘을 길러준다. 아이가 예의 바르게 잘 행동했다면 이에 대해 칭찬과 격려를 해준다.

다섯째 가족이 함께 존댓말을 사용한다

부모는 사용하지 않으면서 아이에게만 존댓말을 사용하라고 하면 지켜질 확률은 거의 없다. 가급적 가족이 모두 서로에게 존댓말을 사용한다. 존댓말에는 상대방을 존중하는 의미가 들어 있어서 존댓말을 쓰면 화와 비난의 수위가 조절돼 집안 분위기가 밝아진다. 물론 아이에게 존댓말을 하기는 쉽지 않다. 그러나 말은 생각을 나타내고 행동으로 이어지기 때문에 아이의 행동을 바로잡고 싶다면 어색하더라도 꾸준히 존댓말을 쓰는 연습을 한다. 아이에게 "밥 다 먹었어?"라고 물어보면 대부분 "응, 다 먹었어."라고 대답하지만 "우리 ○○이, 밥 다 먹었어요?"라고 존댓말로 물어보면 신기하게 아이들도 "네, 다 먹었어요."라고 예쁘게 대답한다. 가는 말이 고우면 오는 말도 곱듯, 가는 말이 존댓말이면 오는 말도 존댓말임을 잊지 말자.

여섯째 아이를 존중해준다

존중도 받아본 사람이 남을 존중할 줄 아는 법이다. 아이가 내 소유물이 아닌 하나의 인격체라는 사실을 받아들이고 아이를 있는 그대로 존중하며 충분히 사랑을 준다. 아빠와 정서적 교감이 잘된 아이들은 상대방의 감정을 읽어내는 능력이 탁월하고 적극적이어서 다른 사람들의 마음을 확실히 사로잡을 줄 안다. 이러한 태도는 아이에게 더 많은 지지와 기회를 가져다준다.

일곱째 부모의 욕구를 존중하게 한다

예의 바른 아이가 갖춘 기본은 타인을 존중하고 배려하는 태도이다. 부모도 예외가 아니다. 부모는 아이가 원할 때 무조건 들어주고 놀아주고 함께해야 된다고 아이들이 생각하게 두어서는 안 된다. 여기에 익숙해지면 자신이 부를 때 조금만 늦게 와도 짜증을 낸다. 그러므로 엄마와 아빠가 늘 옆에 있거나 놀아줄 수 없음을 알려주고 아빠, 엄마도 아빠와 엄마만의 특별한 시간이 필요하다고 인지시킨다.

BONUS

아이에게 반드시 가르쳐야 할 대표 예절

1. 신체 예절

밥을 먹다가 트림을 하거나 때와 장소를 가리지 않고 코를 파고 방귀를 뀌는 등의 행동은 상대방에게 불쾌감을 줄 수 있으므로 하면 안 된다는 것을 알려준다. 간혹 그러한 모습이 귀여워 웃다 보면 아이는 즐겁다는 의미로 받아들여 점점 수위를 높여 행동하게 된다. 처음부터 하면 안 되고, 만약 그러한 행동이 하고 싶으면 어떻게 해야 하는지 구체적인 방법을 알려준다. 예를 들어 트림이 나오려고 하면 고개를 돌리고 손으로 막아서 최대한 작은 소리로 하라고 알려주거나 사람이 없는 곳에 가서 하고 오라는 이야기를 해준다.

2. 식사 예절
식당이나 근사한 레스토랑에서 아이들이 식사 예절을 지키지 않는 이유는 사전 교육이 부족하기 때문이다. 집에서 식사 시간에 TV를 보거나 시끄럽게 돌아다니면서 먹었던 아이들이 레스토랑에 가서 매너 있게 행동하기란 사실상 불가능하다. 그러므로 집에서부터 식사 매너를 교육시켜야 한다. 아이들은 새로운 공간에 가면 호기심에 가만히 있지 않으므로 외식을 하러 나간다면 미리 어디를 갈 것이고 그곳에서는 어떻게 행동해야 하는지 알려준다. 만약 그곳에서 약속을 지키지 않았을 때에는 어떻게 할 건지에 대해서도 사전에 충분히 협의를 하고 실제로 아이가 약속을 지키지 않았을 때에는 약속한 대로 벌을 주거나 집으로 오는 등의 행동을 한다.

3. 공공장소 예절
사람들이 많이 모여 있는 공공장소에서 아이가 떼를 쓰거나 울며 소리를 지르면 부모는 당황한다. 그럴 때 부모가 창피해 하거나 당황해 아이의 요구를 들어주다 보면 아이의 공공장소 예절은 더욱 나빠진다. 그러므로 평소 마트, 극장, 박물관 등 공공장소에 갈 때에는 어떻게 행동해야 하는지 충분히 알려주고 관련 책이나 영상을 함께 보고 이야기를 나눈다.

함께 밥 먹는 시간을 정하라
| 행복한 가족 밥상의 법칙 |

지글지글 보글보글 맛있게 끓인 찌개와 맛깔스러운 반찬, 갓 지은 고슬고슬한 밥이 차려진 식탁에 가족이 빙 둘러앉아 맛있게 식사를 하고 이야기꽃을 피우는 모습은 상상만 해도 마음이 따뜻해지고 기분이 좋아진다. 하지만 현실에서는 이런 장면을 연출하기가 참으로 쉽지 않다. 맛깔스러운 밥상을 차리기 위해서는 아내의 희생과 헌신이 있어야 하는데 요즘은 맞벌이 가정이 많아 요리하는 데 시간을 할애하기가 쉽지 않을 뿐더러 아이는 아이대로, 엄마는 엄마대로, 아빠는 아빠대로 바쁘다 보니 각자 알아서 식사를 해결하기 때문이다. 간혹 함께 먹는

다고 해도 한 끼 대충 때우는 형태로 후다닥 식사 식사를 끝내거나 심지어 TV까지 켜놓고 식사를 하다 보니 오붓한 대화는커녕 눈 한 번 마주치지 않는 경우도 많다.

하루는 아버지학교 강의 때 가족 밥상의 중요성을 얘기하며 일주일에 한 번은 일찍 퇴근하고 집에 들어가서 온 식구가 함께 식사하라고 했더니 한 젊은 아빠가 손을 들어 아내가 집에서 저녁 먹는 것을 싫어해 저녁은 항상 먹고 오라고 하는데 이럴 때는 어떻게 해야 하는지 모르겠다고 물어왔다. 필자를 비롯해 아내들의 속내를 들킨 것 같아 뜨끔했다. 솔직히 말하면 필자도 가급적 남편이 저녁 식사를 해결하고 오기를 바란다. 아이들만 있으면 대충 먹으면 되지만 남편이 있으면 아무래도 반찬에 신경을 써야 하기 때문이다.

밥상머리 교육의 효과들이 속속 알려지면서 가족이 함께 밥을 먹고 대화를 나누는 일이 중요하다는 것은 많이들 인식하고 있지만 현실적으로 실천하기가 쉽지 않다 보니 반드시 부부 간 협의를 통해 의식적으로 노력해야 한다.

가족이 함께 밥을 먹는 것은 단순히 배를 채우는 것 이상의 의미가 크다. '밥상머리 교육'이란 말도 있듯이 아이들은 가족 간의 식사를 통해 기본 생활 습관이나 예절을 익히고, 가족 문화를 전수받으며 세상을 살아가는 지혜를 배운다. 뇌에서 행복 호르몬 옥시토신이 분비돼 스트레스도 해소시켜준다.

이뿐만이 아니다. 가족 밥상은 아이들의 언어 습득 능력을 향상시키고, 성적을 오르게 하며 훗날 담배나 술, 마약 등 약물 의존도나 우울증, 자살률까지 줄여준다. 건강에 유익한 건 물론이다. 미네소타대학교의 연구에 의하면 가족들과 식사 횟수가 많을수록 과일 및 채소, 칼슘이 풍부한 음식, 섬유소 등 성장에 필요한 영양소를 더 많이 섭취하고 탄산음료나 음료수는 더 적게 마시는 것으로 나타났다고 한다.

그러므로 '나중에', '아이들이 좀 더 크면', '때가 되면', '회사 일이 좀 더 한가해지면' 등의 말로 가족 밥상의 부활을 미루지 말고 아이들이 한 살이라도 어릴 때 당장 시작해 보자. 시작은 찌개 하나로 미미하게 시작했지만 훗날 아이들이 성장하는 데 큰 밑거름이 되면서 창대한 결과를 낳게 될 것이다. 그렇다면 가족 밥상을 제대로 부활시키는 방법을 알아보자.

첫째 가족 밥상을 반드시 부활시키겠다는 의지를 갖는다

가족 밥상 부활은 아내의 절대적인 지지와 협조와 협의가 없으면 사실상 불가능하다. 아내와 가족 밥상에 대해서 허심탄회하게 이야기를 나누고 혹여 아내가 왜 안 하던 짓을 하고 그러냐며 핀잔을 주거나 '당신이 식사 준비를 하면 나도 하겠다'라고 협박 아닌 협박을 하더라도 굳세게 마음먹고 반드시 가족 밥상을 부활시키겠다는 생각을 확고히 갖는다.

둘째 가족의 의견을 반영해 가족 식사의 날을 정한다

뜬금없이 "앞으로 매주 수요일마다 가족끼리 저녁 식사할 거니까 그런 줄 알아라."라고 한다면 아내를 비롯해 아이들의 반발이 있을 수 있다. 그러므로 일방적으로 정하기보다는 가족들을 모두 모이게 한 뒤 가족 밥상의 중요성에 대해서 알려주고 앞으로 우리 가족은 언제 모여서 함께 식사하면 좋겠는지 의견을 모은다. 그리고 그날은 반드시 지켜야 한다는 약속을 한다. 각자 먹고 싶은 음식을 말하고 실현 가능한 메뉴를 선택해 가족 식사의 날 메뉴로 정해 보는 일도 재미있다.

셋째 행복한 가족 밥상을 위해 꼭 지켜야 할 규칙을 함께 만들어본다

'식사 도중 TV 시청이나 스마트폰 사용 금지', '각자 역할 나눠 밥상 차리기', '식사 전후 감사의 인사하기', '음식 먹을 때 소리 내지 않기', '돌아다니면서 밥 먹지 않기' 등 규칙을 함께 정한 다음 규칙을 지키지 않았을 때는 어떻게 할 것인지에 대한 계획도 미리 세워놓는다.

특히 아내들에게 식사 준비는 부담감으로 다가올 수 있으므로 가족 식사의 날은 가급적 일찍 퇴근해서 아내와 함께 식사 준비를 한다. 가끔은 서프라이즈로 아빠표 밥상을 준비해 보는 일도 좋다. 특별한 음식을 준비하지 않아도 된다. 짜장 라면을 끓이더라도 아빠의 정성만 있다면 가족들은 행복한 마음으로 맛있게 먹을 것이다.

넷째 밥상에서는 비난하거나 혼내지 않는다

'밥 먹을 때는 개도 안 건드린다'는 속담도 있듯이 음식을 먹을 때 자꾸 잔소리하고 혼내면 함께 밥 먹기가 싫어진다. 평소 얼굴 볼 시간이 많지 않다 보니 한 번씩 모여 밥을 먹을 때 자꾸 훈계와 꾸중을 하는 경우가 있다. 그러나 가족 밥상 앞에서는 화내거나 혼내지 않도록 노력하고 가급적 서로 칭찬하고 격려하는 시간을 갖는다. 이것 역시 평

소에 지키기 쉽지 않으므로 '밥상에서는 절대 화내지 않기', '한 명씩 돌아가면서 칭찬해주기' 식으로 가족 규칙으로 정해놓아도 좋다.

다섯째 대화 소재를 미리 준비한다

어느 정도 가족 밥상이 자리를 잡았다고 한다면 일상적인 대화를 뛰어넘어 가족이 함께 대화를 하고 토론을 할 수 있는 소재를 준비하는 것도 좋다. 전 세계인의 0.3%에 불과하지만 역대 노벨상 수사자의 30%를 배출한 유대인들은 그들의 저력을 가족 밥상에서 꼽았는데 유대인들은 식사 시간마다 식탁에서 《탈무드》와 《토라》를 공부하고 토론한다. 감동적인 연설로 미국인들의 사랑을 받은 케네디 대통령 역시 식사 시간 중에 미리 읽은 신문 기사나 책에 대해 토론한 일을 성공의 원동력으로 꼽았다. 꼭 어려운 주제가 아니더라도 아이들이 관심 있을 만한 주제를 가지고 함께 이야기를 나눠보자. 이러한 습관이 생기면 자연스럽게 가족끼리 토론하는 문화를 만들 수 있다.

BONUS

《동자례(童子禮)》에 나온 식탁 예절

① 밥상에 가족들이 다 모일 때까지 기다린다.
② 어른이 숟가락을 들기 전에 숟가락을 들어선 안 된다.

③ 밥상을 앞에 두고 먹을 때는 밥상과 거리를 너무 가까이 하지 않는다.
④ 다른 사람과 음식을 먹을 때는 배부르게 먹지 않는다.
⑤ 반찬을 뒤적거리지 말고 한번 집은 것을 가져와 먹는다.
⑥ 먹을 때 소리를 내거나 먹던 음식을 뱉어서는 안 된다.
⑦ 밥을 조금씩 자주 뜨고 많이 씹는다.
⑧ 남은 밥을 그릇에 다시 가져다놓지 않는다.

하루 10분씩 스킨십에 집중하라
| 사회성의 법칙 |

　아이를 안고 부비고 뽀뽀하는 등의 스킨십은 엄마들에게 매우 자연스러운 일이다. 아이를 키우는 동안 프로락틴이라는 관계 호르몬이 분비돼서이기도 하지만 표현력과 공감력이 뛰어난 여성의 특성 때문에 스킨십의 몰입도가 큰 편이다. 하지만 아빠들은 대체적으로 스킨십에 약하다. 그래도 아이가 어릴 때에는 안아주고 함께 몸을 쓰는 놀이를 하면서 나름의 방법으로 스킨십을 시도하지만 아이가 말을 하기 시작하고 자기주장이 생기면서 "아빠 싫어!", "아빠한테서 냄새나." 반응에 상처를 입고 스킨십하는 것을 부담스러워하기도 한다.

특히 딸 가진 아빠들은 딸에 대한 일종의 로망 때문에 아이의 이런 반응에 상처를 입고 더욱더 아이에게 다가가기를 두려워하는 경우도 있다. 아빠와의 스킨십은 아이의 두뇌 발달은 물론 사회적 인격 형성에 지대한 영향을 끼친다는 연구 결과가 있듯이 아빠와의 스킨십은 아이가 정서적으로 안정되고 건강하게 잘 성장하는 데 있어서 매우 필요한 요소이다. 하지만 여전히 많은 아빠들은 스킨십을 비롯해 아이와 관계 형성하기를 어려워한다. 어렵고 힘드니 자꾸 회피하게 되고 결국 아이와 관계도 어긋나고 만다.

코칭 프로그램으로 만난 두 아이의 아빠 재호(가명) 씨 역시 마찬가지였다. 재호 씨는 집에 일찍 들어가기 싫어했다. 이유는 집에 가면 쉬고 싶은데 두 아이들이 자꾸 놀아달라, 책 읽어달라 하는 요구가 너무 부담스럽기 때문이란다. 그래서 일부러 아이들 잠들면 들어간다고 했다. 아이들을 사랑하지 않는 건 아니지만 아이들을 위해 무엇을 어떻게 해줘야 할지를 모르다 보니 자꾸 피하게 된다는 것이다. 아내로부터 "당신은 아빠도 아니야!"라는 잔소리를 무한 반복해서 듣고 있지만 한 귀로 듣고 한 귀로 흘리다 보니 견딜 만하단다. 많은 아내들이 남편들에게 무책임하다며 비난을 쏟아내겠지만 상담을 하다 보면 이런 생각을 하는 남편들이 의외로 많다.

그러므로 아내들도 남편이 집에 늦게 들어온다고 무조건 화내고 비난하기 전에 남편들이 집 밖을 배회하는 진짜 이유를 찾아 어려움을 해결해주기 위해 노력할 필요가 있다. 재호 씨를 비롯해 아이와 노는 것이 부담스럽고 귀찮은 아빠들을 위해 가장 많이 제안하는 방법을 따라 해 보자.

첫째 함께 목욕을 한다

일주일에 1~2번 '아빠와 목욕하는 날'을 정해 무슨 일이 있어도 이 날은 함께 목욕하는 것이다. 목욕을 하면 자연스럽게 스킨십을 할 수 있고 아이의 발달 상태를 알 수 있으며 장난을 치면서 친밀도를 쌓을 수 있어서 초보 아빠들에게 매우 좋다. 이때 아이가 좋아하는 장난감을 준비하거나 거품 입욕제를 미리 준비한다면 더욱더 오래 아이와 물속에서 놀며 시간을 보낼 수 있다.

아빠들 중에는 아이와 목욕을 하라고 하면 몸 씻기고 머리 감기는 일만 생각해 서두르는 경우가 있는데 아이와 목욕을 하는 주된 이유는 '교감'임을 잊지 말아야 한다. 간혹 딸 가진 엄마 중에는 아빠와의 목욕을 탐탁지 않다고 하는 경우가 있는데 초등학교에 들어가기 전까지는 아빠와 함께 목욕하는 것의 단점보다 장점이 훨씬 더 많다. 딸은 아빠와 목욕을 하면서 정서적인 안정감을 찾고 아빠 품에서 여성성을 키울 수 있으며 남자와 여자의 다른 점에 대한 분별력도 키울 수 있기 때문이다.

둘째 하루 10분, 스킨십을 유도하는 신체 놀이를 한다

매일 하루 10분은 아이와 시간을 보낸다고 다짐을 하고 아이와 신체 놀이를 한다. 이때는 조금 격해도 상관없다. 격한 놀이는 아이의 신체 발달뿐 아니라 감정과 생각을 조절하는 능력을 키우는 데에도 큰

영향을 미치기 때문이다. 신체 놀이는 씨름, 레슬링, 풍선 불어서 주고 받기, 목말 태우기, 가위바위보해서 간지럼 태우기, 윗몸 일으키기, 음악 틀어놓고 춤추기, 비행기 태우기, 맨몸 체조, 큰 공 위에서 점프하기 등 부담 없이 일상에서 충분히 접근 가능한 놀이로 시작한다.

퇴근이 늦으면 아침 시간을 활용해 잠깐이라도 놀아주거나 만약 노는 게 부담스럽다면 무릎에 앉혀 놓고 책을 한 권 읽어주는 것도 좋은 방법이다.

셋째 아이와 함께 하는 문화센터 요리 강좌를 끊는다

요리의 '요' 자도 모르거니와 아이와 함께 해야 한다는 것 자체에 거부감을 느끼는 아빠들이 많으나 뭐든 처음이 어렵지 하다 보면 금방 익숙해진다. 그리고 요리만큼 아이와 자연스럽게 스킨십을 하고 친밀감을 쌓기에 좋은 활동도 없다. 아이들은 아빠와 함께 음식을 만들고 먹고 치우는 과정을 모두 놀이로 인식하기 때문에 요리를 함께 하면 아빠와 충분히 놀았다는 정서적 포만감을 느낀다. 또한 자신의 손으로 직접 만든 음식을 먹음으로써 편식까지 고칠 수 있어서 아내에게 사랑받기 좋은 기회이다.

만약 문화센터까지 갈 여력이 안 된다면 주말을 이용해 아이와 함께 도넛, 팬케이크, 유부초밥 등의 아이템을 정해놓고 만들어보는 것도 좋은 방법이다. 아빠들은 목표 지향적이라 요리를 만들 때에도 빨리 해서 먹고자 하는 욕구가 크나 아이와 요리를 만들 때에는 아이가 스스로 하도록 기회를 주고 기다려주며 격려와 칭찬을 해주는 자세가 중요하다.

넷째 자고 있을 때 뽀뽀나 마사지 등을 해준다

직장생활이 바쁜 아빠들은 대부분 아이들이 잘 때 들어오고 잘 때 나간다. 퇴근 후나 출근 전 자고 있는 아이들에게 뽀뽀를 해준다거나 기지개를 켤 때 다리 등을 쭉쭉쭉 마사지해주면 아이들은 자면서도 아빠의 사랑을 느낄 수 있다. 단 저녁에 술을 마시고 와서 아이들에게 스킨십을 시도한다거나 출근 전 뽀뽀할 때 아이들에게만 해주고 아내에게는 안 해주면 아내의 원성을 들을 수 있으므로 주의한다.

BONUS

자녀 연령별 스킨십 방법

신생아
아빠 맨가슴 위에 아이를 기저귀만 채우고 올리는 캥거루 케어를 많이 해준다. 캥거루 케어는 아이에게 심리적인 안정감을 주고 아빠와의 애착을 형성하는 데 매우 좋으며 면역력을 증가시켜 잔병치레도 예방해준다. 맨살이 닿고 서로의 숨결을 느낄 수 있는 캥거루 케어는 아빠에게도 행복감을 주어서 적극적으로 육아에 참여할 수 있도록 동기를 부여해주는 원동력이 된다.

유아
활동량이 많아지는 시기이므로 함께 몸을 부대끼며 진한 스킨십을 최대한 많이 한다. 피부는 제2의 뇌라는 말이 있을 만큼 피부를 통한 촉각 자극은 뇌 발달에 매우 중요하다. 이 시기에는 신체 접촉을 하는 스킨십뿐만 아니라 따뜻한 눈빛, 다정한 말투 등 온몸으로 '너를 사랑한다'라는 메시지를 아이에게 전달해준다.

초등학생 이상
초등학교 고학년에 올라가고 사춘기가 시작되면서 아빠의 스킨십을 거부하는 아이들이 많다. 수치심을 느끼고 불쾌해서 아빠에 대한 정마저 떨어진다는 아이들도 있으므로 어릴 때 하던 방식 그대로 아이를 대하는 태도는 금물이다. 아이들이 예민한 시기에는 무조건적인 스킨십이 아닌 다른 방법 예를 들어 만나면 웃으면서 하이파이브하기, 머리 쓰다듬어주기, 아이를 부를 때 '우리 딸', '우리 아들' 등 친근한 표현 쓰기, 사랑의 쪽지 보내기 등 아이가 '아빠에게 존중받고 있고 사랑받고 있다'는 느낌을 가질 수 있도록 사랑 표현법을 바꾸는 것도 좋은 방법이다.

웃음과 유머가 있는 가정을 만들어라
| 웃음의 법칙 |

집집마다 고유의 분위기가 있다. 어떤 집은 밝고 경쾌해 웃음이 끊이지 않는가 하면 어떤 집은 조용하고 냉랭해 분위기가 착 가라앉은 곳이 있다. 이러한 집안 분위기는 그대로 아이들에게 영향을 미쳐 행동으로 나타난다. 즐겁고 유쾌한 웃음이 묻어나는 가정에서 자란 아이들은 역시나 성격이 활발하고 친밀감과 사회성이 뛰어나 친구들에게 인기가 많다. 하지만 무거운 분위기 속에서 자란 아이들은 어딘가 모르게 우울해 보이며 매사에 소극적이고 친구들과도 잘 어울리지 못한다.

많은 가정을 지켜보고 상담해 보니 집안 분위기를 좌우하는 사람은 엄마보다도 '아빠'로 아빠의 영향력이 더 크다는 결론이 나왔다.

가족의 행복 지수를 좌우하는 사람은 '아빠'

아빠가 다정하고 유머러스하냐, 신경질적이며 딱딱하냐에 따라 가족의 행복도가 다르다. 필자의 아빠는 매우 권위적이고 무서운 분이었다. 특히 본인의 물건들이 흐트러져 있는 것을 싫어해 처음 물건을 둔 상태 그대로 되어 있지 않으면 즉각 불호령이 떨어졌다. 그러다 보니 아빠의 퇴근 시간만 되면 온 식구들은 초긴장을 했다. 아빠가 집에 들어와서 어떤 표정을 짓고 어떤 말을 하며 어떻게 행동하느냐에 따라서 집안 분위기가 확 바뀌었다. 아빠의 기분이 좋으면 우리도 덩달아 신이 났고 아빠의 기분이 안 좋아 보이면 슬슬 눈치를 보며 각자의 방으로 도망가기 바빴다.

물론 정도 많고 열정적이며 센스가 뛰어난 분이셨지만 굳은 표정으로 호통을 치는 아빠의 모습이 워낙 무섭다 보니 딸임에도 살갑게 안기거나 애교를 부린 기억이 없다. 지금은 세월이 많이 흘러 호랑이처럼 무서웠던 아빠의 모습은 온데간데없고 관계도 많이 편안해졌지만 아직도 손을 잡거나 팔짱을 끼는 등 자연스러운 스킨십은 잘 하지 못한다.

만약 아빠들 중에 집에 들어왔을 때 가족들이 반가워하지 않거나 어느 순간 아빠의 등장과 함께 가족이 뿔뿔이 흩어진다면 집에서 어떤 표정과 말투로 가족들을 대하는지 생각해 볼 필요가 있다.

아빠가 미소와 여유만 되찾아도 아이들이 훨씬 밝아지고 건강해지며 집안 분위기도 살아난다. 몇 년 전 방영됐던 다큐멘터리 〈웃음에 관한 특별 보고서〉를 보면 스트레스 지수가 높고 무뚝뚝했던 아빠들이 웃음 치료를 통해 달라지기 시작하자 아토피 피부염과 ADHD(주의력 결핍 과잉 행동 장애) 등을 앓으면서 웃음을 잃어버렸던 아이들도 웃기 시작했다. 아이들이 웃자 건강 상태는 눈에 띄게 좋아졌고 해체 위기에 놓였던 위태로운 가정이 다시 행복해졌다. 수많은 과학자들과 의사들은 말한다. 웃음만큼 명약도 없다고 말이다.

그러므로 아이들이 건강하게 잘 자라고 친구들과 잘 어울리며, 사랑이 넘치는 가정을 만들고 싶다면 아빠가 먼저 웃음을 되찾아야 한다. 하지만 워낙 스트레스를 많이 받고 감정 표현을 하는 데 서툰 아빠들인지라 웃는 일도 연습이 필요하다. 그렇다면 어떻게 웃는 연습을 해야 할까?

첫째 평상시 내 표정을 인지한다

거울을 보거나 평상시 모습이 찍힌 사진을 보자. 만약 찍어놓은 사진이 없다면 아내에게 집에 있을 때 내 표정을 관찰해 사진으로 찍어달라고 부탁하는 것도 좋다. 아내들은 달라지려고 노력하는 남편의 시도가 고마워 적극 협조할 것이다. 내 얼굴 표정이 어떠하고 입꼬리가 올라가 있는지 내려가 있는지 유심히 관찰해 보자. 평상시에 인상 좋다는 말을 많이 듣는다면 입꼬리가 올라가 있을 것이고 그렇지 않다면 입꼬리는 처져 있을 것이다. 만약 표정이 어둡고 입꼬리가 처져 있다면 힘을 줘 끌어올려주자. 처음에는 입꼬리가 올라가 있는 내 모습이 어색하고 평소에 안 쓰던 근육에 힘이 들어가 경련이 일어날지도 모른다. 그러나 그럴수록 의식적으로 입꼬리에 힘을 줘 미소를 지어보자. 생각날 때마다 입꼬리를 올리다 보면 어느 순간 자연스럽게 올라가 있을 것이다.

둘째 재미있는 사진이나 영상을 모아둔다

'행복하기 때문에 웃는 게 아니라 웃기 때문에 행복하다'라는 말이 있다. 일이 잘 안 풀리거나 몸이 힘들어 짜증날수록 웃을 수 있는 무언가를 찾아 웃어보자. 평소에 재미있는 사진이나 영상을 모아놓으면 컨디션이 안 좋을 때 도움이 된다. 만약 아이의 재미있는 사진이나 영상이 있으면 저장해놓고 집중력이 흐트러질 때 한 번씩 보는 것도 기분 전환에 도움이 된다. 아무 생각 없이 일단 웃다 보면 어느새 기분이 좋아질 것이다.

셋째 긍정적인 에너지를 갖는다

내 몸 안에서 부정적인 에너지를 만들고 발산하면 사는 것이 힘들고 괴롭기만 하다. 하지만 세상을 바라보는 시각을 바꿔 문제를 행복한 방향으로 바꾸어나가려고 하다 보면 의외로 일도 잘 풀리고 한 단계 성장할 수 있다. 평소 내 안에 부정적인 에너지가 들어오지 않도록 항상 긍정적으로 생각하고 말하는 연습을 해 보자. 그러다 보면 분명! 반드시! 쨍하고 해 뜰 날은 온다.

넷째 잃어버린 동심을 찾는다

아이와 놀아주려고 하면 일같이 느껴져 힘이 들지만 아이와 함께 '그냥 놀면' 스트레스가 풀리고 기분도 좋아진다. 우리가 아이와 소통이 되지 않은 이유는 아이가 커서가 아니라 부모가 동심을 잃기 때문이라고 한다. 별것 아닌 일에도 깔깔깔 웃음보를 터뜨리고 좋은 기분을 온몸으로 표현하며, 늘 흥이 있는 아이의 동심을 본받아 내 안에서 오랜 시간 잠자고 있는 동심을 깨워보자. 만약 어떻게 해야 될지 모르겠으면 아이가 하는 행동을 그냥 똑같이 따라 해 보자. 아이도 아빠도 빵빵 웃음이 터질 것이다.

다섯째 가족과 함께 개그 프로그램을 시청한다

스트레스 지수가 높거나 우울증이 있는 사람들은 재미있는 프로그램을 봐도 웃지 않는다. 물론 웃음 코드가 달라서 안 웃을 수도 있지만 평균적으로 뇌가 이를 인지하지 못해서인 경우가 많다. 평소 가족과 함께 개그 프로그램을 시청해 보면 현재 나의 건강 상태를 점검해 보는 것은 물론 아이의 웃음 코드도 확인할 수 있다.

여섯째 유머 감각을 키운다

성공한 CEO의 공통점 중 하나는 바로 유머 감각이 뛰어나다는 것이다. 유머 감각은 사람의 마음을 움직이는 강력한 요소로 유머 감각을 키우면 키울수록 경쟁력도 커진다. 만약 아이로부터 "아빠는 재미없어!"라는 소리를 한 번이라도 들은 적이 있다면 유머 감각을 키우기 위해서 노력해 보자. 유머 감각이 선천적으로 타고난 것이라고 생각해 미리 포기하는 사람도 많으나 유머 감각은 노력으로도 얼마든지 연마할 수 있다. 주변에 유머러스한 사람이 있으면 친하게 지내면서 그의 감각을 배워보는 일도 좋고 유머책을 사서 연습해 보는 것도 좋다.

처음부터 욕심을 부리면 오히려 역효과가 날 수 있으므로 넌센스 퀴즈나 수수께끼, OX 퀴즈 등 비교적 부담 없는 단계부터 시작해 보자. 생전 안 하던 사람이 갑자기 하려고 하면 어색해서 주변 사람들에게 핀잔을 들을 수 있으나 상처받지 말고 꿋꿋하게 연습할 필요가 있다. 처음부터 잘하는 사람은 없다. 계속 하다 보면 언젠가는 유재석처럼 1인자는 못 되도 박명수 같은 2인자의 캐릭터를 가지게 될 수도 있다.

일곱째 웃음 교실을 이용한다

살다 보면 소리 내어 웃을 일이 별로 없다. 하지만 전문가들은 억지로라도 큰 소리를 내서 웃는 일이 건강을 위해 매우 중요하다고 말한다. 사람이 한바탕 소리 내어 크게 웃으면 몸속 650개의 근육 중 231개의 근육이 움직여 많은 에너지를 소모하고 상체는 물론 가슴, 심장, 위장, 근육까지 움직이게 만들어 에어로빅을 5분 동안 한 운동 효과를 얻는다고 한다.

만약 일상생활에서 웃는 것이 여의치 않다면 문화센터나 협회에서 운영하는 웃음 교실 등을 찾아가 눈치 보지 말고 마음껏 큰 소리로 웃어보자. 웃는 것만으로도 힐링이 된다는 것이 무엇인지 몸소 체험할 수 있다.

BONUS

온 가족을 웃게 만드는 노하우

웃음 뿅망치를 준비한다
웃음 뿅망치를 준비해 '이 망치로 때리면 아무리 화가 나더라도 웃어야 한다'와 같은 규칙을 정한다. 처음에는 감정 조절이 잘 되지 않아서 쉽지 않겠지만 아이를 중심으로 몇 번 하다 보면 화가 났다가도 뿅망치를 찾으러 가는 아이 모습에 자동적으로 웃음보가 터진다.

웃음 지역을 만든다
집 안의 한 구역을 웃음 지역으로 만들어 이곳을 지나면 무조건 웃어야 한다는 규칙을 정한다. 평소 자주 다니는 곳을 웃음 지역으로 정해놓으면 온 가족의 웃음소리가 끊이지 않는다.

가족 모임 때 재미있었던 일을 발표한다
가족 모임 시간을 정해놓고 이 시간에는 자신이 겪은 재미있었던 일을 이야기하도록 한다. 자신이 경험한 이야기를 자유롭게 표현하는 연습은 아이의 표현력과 사고력을 증가시킨다. 또한 재미있는 소재를 찾으려고 주변을 관찰하는 동안 마음이 여유로워지면서 삶에 대한 애정이 증가한다.

가족 간 유머 대회를 연다
각자 갖고 싶은 물건을 부상으로 걸고 가족 간 유머 대회를 열어보자. 유머 대회를 준비하는 과정에서 웃음이 끊이지 않게 되고 가족 간의 단합도 할 수 있어서, 모이면 대화가 끊기고 어색한 가족끼리 해 보면 좋다.

아이의 잠재성을 찾아내 이끌어라
| 추진력의 법칙 |

얼마 전 지인이 하소연을 해왔다. 8살 아들에게 이 세상에서 가장 좋은 사람 3명을 꼽으라고 하니 '엄마', '외할머니', '공부방 선생님'을 꼽았단다. 서운한 마음에 아빠는 몇 위냐고 물어보니 아들은 일 초의 망설임도 없이 "한 10위쯤?"이라고 답했단다.

나름 열심히 산다고 자부했는데 아이에게 아빠의 자리는 없는 것 같다며 깊은 한숨을 내뱉은 그의 모습이 무척이나 쓸쓸해 보였다.

문득 몇 년 전 아빠들을 충격으로 몰아넣은 〈아빠는 왜?〉라는 시가 떠올랐다.

'엄마가 있어 좋다. 나를 이해해 주어서/냉장고가 있어 좋다. 나에게 먹을 것을 주어서/강아지가 있어 좋다. 나랑 놀아주어서/아빠는 왜 있는지 모르겠다.'

한 초등학생이 썼다는 이 시는 방송 프로그램에 소개되면서 많은 아빠들에게 자괴감과 씁쓸함을 안겨줬다.

시대가 많이 바뀌고 있다지만 아직도 위 시의 아빠처럼 집에서 존재감 없는 아빠들이 참 많다. 하지만 많은 아빠들이 노력은 하지 않으면서 아이의 삶에 영향을 미치는 멘토 아빠가 되길 꿈꾼다.

멘토 아빠 꿈꾸지만 실제로는 '꼰대 아빠'

실제로 한 온라인 교육 기업에서 아버지 647명을 대상으로 '되고 싶은 아버지상'에 관해 설문 조사를 한 결과 무려 53%가 '자녀의 인생을 도와주는 코치 같은 아버지'를 꼽았다.

하지만 늘 이상은 이상일 뿐 현실과 괴리감이 있는 법이다. 현실에서는 멘토는커녕 그저 툭하면 소리 지르고 잔소리를 쏟아내는 꼰대일 뿐이다. 아이와 심리적 거리가 멀어지면 그 이후의 교육은 제대로 이루어지지 않는다. 아이가 아빠에게 친밀감을 느끼고 신뢰감을 느껴야 아빠의 조언에 귀를 기울이고 아빠를 닮고 싶어 하고 존경할 수 있기 때문이다.

그러므로 아이의 인생에 긍정적인 영향력을 끼치는 중요한 인물이 되고 싶다면 지금부터라도 제대로 멘토 아빠로서의 기본 자질을 갖춰야 한다. 아이의 잠재성을 끌어내고 삶의 나침반 같은 아빠가 되기 위한 방법을 알아보자.

첫째 아이가 어떤 사람이 되기를 바라는지를 먼저 고민하라

당장 아이를 위해 무엇을 해줘야 할지를 고민하기 전에 아이가 어떤 사람이 됐으면 좋겠는지 고민해야 한다. 예를 들면 '훗날 내 아이가 자신의 삶에 만족하는 행복한 사람이 됐으면 좋겠다'라고 바란다면 아이가 자신의 삶에 행복감을 느끼게 하기 위해서 아빠로서 무엇을 해주면 좋을지 고민해 보는 것이다. 이 부분은 아내의 교육관과도 연관이 있기 때문에 아내와 함께 상의해서 큰 그림을 그려보는 것이 좋다.

둘째 감시자가 아닌 관찰자가 되라

아이를 감시하면 못하고 부족한 것만 보이지만 관찰하면 아이가 어떤 성향을 가지고 있고 어디에 관심과 흥미가 있는지 어떤 잠재력을 품고 있으며 어떨 때 가장 행복해하는지 알 수 있다. 아이에 대해 보고 느낀 내용을 관찰 일기 형식으로 짤막하게 메모를 해놓는 것도 좋은 방법이다. 아이가 어리다면 "우리 ○○는 뭐 할 때 가장 재밌어?"라고 물어볼 수 있지만 초등학생만 돼도 잘 말하지 않는다. 그럴 때는 아내를 통해 물어 질문을 유도하거나 자연스러운 기회를 만들어 속마음을 들어보는 방법이 좋다. 아이에 대한 관찰은 곧 관심이 되고 이는 아이와 공감대를 형성하는 데 매우 중요한 역할을 한다.

셋째 스스로 해결하는 주도성을 키워주어라

엄마와 아빠가 뭐든 알아서 챙겨주다 보면 아이는 스스로 나서서 뭔가를 해야겠다는 생각을 하지 못한다. 하지만 부모가 평생 따라다니면서 모든 것을 챙겨줄 수는 없는 노릇이다. 어릴 때부터 스스로 해결하는 자기주도성을 쌓지 못한 아이들은 자신감이 떨어져 뭔가를 알아서 판단하고 결정해야 하는 순간이 오면 극심한 스트레스를 받을 수 있다.

귀한 자식일수록 강하게 키우라는 말도 있듯이 주도성을 키워주기 위해서는 부모가 대신 해결해주기보다 아이 스스로 할 수 있도록 기회를 많이 주고, 아이의 행동에 민감하게 반응해주며 무엇이든 스스로 해 보고 판단해 결정할 수 있도록 기다려줘야 한다.

넷째 평소 아이의 이야기에 귀를 기울여라

뜬금없이 아빠가 방에 찾아가 "요즘 무슨 일 있어? 아빠랑 이야기 좀 하자."라고 하면 아이들은 경악하며 입과 귀를 닫아 버린다. 평소 이야기할 때는 "아빠, 피곤해. 나중에 이야기하자." 또는 "조용히 좀 해."라고 소리만 치던 아빠가 갑자기 좋은 아빠 코스프레로 대화를 시도하면 아이들은 당황스러워한다. 그러므로 평소에 아무리 피곤하고 힘들더라도 아이의 이야기를 잘 들어주기 위해 노력해야 한다.

소통의 기본은 '경청'이다. 아이가 이야기를 할 때 눈을 마주 보고 열심히 들어만 줘도 아이들은 아빠에 대한 신뢰가 커져 고민이 생겼을 때 마음을 터놓을 확률이 높다.

다섯째 긍정적인 마인드로 열렬한 지지자가 되어라

자존감이 높은 아이들은 매사 자신감이 있어 문제 해결 능력이 뛰어나다. 자존감이 높은 아이로 키우려면 아빠가 먼저 아이에 대해 '뭐든 잘 할 수 있다!'라는 긍정적인 기대와 믿음을 가져야 한다. 기대감을 굳이 말로 표현 하지 않아도 눈빛, 표정, 행동에 자연스럽게 묻어나기 때문에 아이는 아빠의 믿음을 보답하기 위해서라도 매사에 열정적으로 임할 것이다.

더불어 "너는 지혜로운 아이야.", "너는 친구들에게 인기가 많아.", "너는 건강하고 씩씩해.", "너는 운동 신경이 진짜 뛰어나.", "넌 장점이 정말 많은 아이야." 등 아이의 좋은 점을 발견하고 반복적으로 칭찬해준다.

여섯째 아이의 잠재력을 이끌어주는 추진력을 갖춰라

아이를 믿어주고 아낌없는 지지를 보내주는 것도 좋지만 아이의 잠재력을 찾아내 이끌어줄 수 있는 추진력을 갖추는 게 무엇보다 중요하다. 아이가 어떤 것에 흥미가 있고 재능이 있는지 다양한 경험을 통해 함께 찾고 지지해주며 아이가 목표를 향해 열정을 쏟을 수 있도록 도와줘야 한다. 함께 롤 모델을 정하는 것도 좋다. 롤 모델에 대해 자료를 찾고 성공 요인을 알아보며 함께 토론하는 과정은 아이의 진로 설정에 큰 도움이 되며 나아가 꿈에 한 발자국 더 가까이 다가갈 수 있게 해준다. 생존 인물이면 직접 만나게 해주는 것도 좋다.

일곱째 아이의 삶에 좋은 역할 모델이 돼라

멘토는 자신의 경험과 지혜 그리고 올바른 가치관을 통해 아이 인생에 길잡이가 되어주는 사람이다. 아이들이 닮고 싶은 정신적인 영향력을 주는 멘토가 되기 위해서는 아빠 스스로 인생에 대한 목표를 되새기며 지금까지의 삶에 대한 태도에 대해 점검해 봐야 한다. 아빠는 일상 속에서 흐트러진 모습만 보이면서 아이에게 "다른 사람의 모범이 되는 훌륭한 사람이 돼라." 하고 말하는 것은 어불성설이다. 자녀는 부모의 거울이다. 아빠가 누워서 TV를 보면 아이들도 TV만 보고 아빠가 바른 자세로 책을 읽으면 아이도 책을 읽는다.

BONUS

파더십으로 아이의 삶을 바꾼 대표 멘토 아빠

닉 부이치치의 아버지 보리스
"할 수 없는 것 대신 할 수 있는 것에 집중해라."
해표지증(팔 다리가 없거나 극히 짧은 증상)으로 팔과 다리 없이 태어났지만 전 세계인에게 희망을 전하는 강연자로 우뚝 선 호주인 닉 부이치치.
닉 부이치치의 뒤에는 항상 믿어주고 긍정적인 방향으로 이끌어주는 아버지가 있었다. 닉의 아버지는 어릴 때부터 "넌 다른 사람과 다르지 않다."를 가르치며 모든 일을 혼자 해낼 수 있도록 했다. 주변의 반대에도 불구하고 특수 학교가 아닌 일반 학교에 보낼 정도로 의지가 남달랐으며 "할 수 없는 것 대신 할 수 있는 것에 집중해라."라고 조언을 아끼지 않았다.
닉 부이치치는 아버지의 조언에 따라 자전거 대신 스케이트

보드에, 달리기 대신 수학에 집중하며 특기를 길렀다. 모험을 즐기고 모두가 안 된다고 할 때 "Why not?"을 외치며 남들이 그어놓은 한계선을 멋지게 뛰어넘는 닉 부이치치 곁에 멘토 아버지가 없었다면 지금의 닉은 없었을 것이다.

천재 물리학자 리처드 파인만의 아버지 멜빌
"자유롭게 생각하고 과학적으로 답하라."

아인슈타인에 버금가는 천재로 평가받는 미국의 물리학자 리처드 파인만은 창의적인 사고와 발상으로 1965년 노벨 물리학상을 수상하였고 뛰어난 연구 업적을 많이 남겼다.

파인만의 창조적 DNA는 과학자로 키우기 위해 아기 때부터 과학적으로 생각하도록 가르친 아버지가 영향을 주었다고 한다. 욕실의 패턴을 이용해 수학적 원리와 패턴을 이해하게 했고 12살 때에는 호기심 많은 아들을 위해 집 지하실을 실험실로 꾸며줬다. 또한 책을 읽어줄 때도 사물의 본질을 파악할 수 있도록 했다. 예를 들어 "티라노사우루스의 키는 7~8m고 머리 둘레는 2m나 되었다."라는 문장을 "이 공룡은 아마 우리 집 2층 창문 정도에 닿을 거야. 하지만 머리 둘레가 2m가 되니 창문 안으로 고개를 들이 밀지는 못할 거야."라고 풀어서 설명을 해줬다. 주말이면 파인만과 함께 숲속으로 놀러가 숲속에서 일어나는 다양한 현상들을 관찰했고 파인만이 흥미를 보이면 그 원리에 대해 설명해줬다. 또한 어떤 질문에도 명확하게 해답을 주지 않음으로써 궁금증을 유발했다. 끊임없이 호기심과 창조성, 탐구력을 키운 어린 시절은 파인만이 천재 물리학자로 성장하는 데 큰 자양분이 되었다.

먼저 좋은 남편이 되어라

| 아내 우선순위의 법칙 |

　강의나 상담 등을 통해 워낙 많은 부부들을 만나다 보니 이제는 표정만 봐도 부부 사이가 어떤지 대충 가늠이 된다. 일단 부부 사이가 좋고 남편의 사랑과 지지를 받고 있는 아내들은 표정과 눈빛, 피부의 결이 다르다. 반짝반짝 빛나는 것은 물론 윤기까지 흐른다. 하지만 남편과 관계가 좋지 않은 아내들은 표정이 어둡고 피부도 칙칙하며 입꼬리는 처져 있고 미간은 깊게 패여 있다. 표정이 좋지 않은 그룹 중 한두 명을 찍어 가장 힘들게 하는 사람이 누구냐고 물어보면 십중팔구 '남편'을 꼽는다.

그만큼 남편들은 기혼 여성의 행복 지수를 좌우하는 매우 중요한 사람이다. 그럼에도 불구하고 남편들은 "잡은 고기에는 밥을 안 준다."는 등 "가족끼리 민망하게 무슨 애정 표현이냐?" 식의 말을 하며 아내들의 마음에 대못을 쾅쾅 박아 버린다.

여자는 누구의 엄마이기 전에 평생 한 남자의 여자이고 싶은 마음이 크다. 사마천의 《사기》를 보면 여자는 자기를 기쁘게 해주는 사람을 위해 얼굴을 꾸민다고 했다. 아내가 외모 가꾸기를 포기한 듯 보이면 놀리거나 그런 아내의 모습을 부끄러워하기 전에 아내에게 너무 관심을 주지 않은 것은 아닌지 반성해 볼 필요가 있다.

아내가 남편에게 진정 바라는 것은 명품 가방도 아니고, 값비싼 보석도 아니다. 그저 따뜻한 눈길로 바라봐주고 자신의 이야기에 귀를 기울여 들어주며 부드럽게 감싸 안아주기를 바란다. 아무리 드세고 잔소리쟁이 아내라고 할지라도 남편이 자신을 진정 사랑한다고 느끼면 부드럽고 사랑스러운 여자로 바뀐다.

요즘 아빠 효과가 알려지면서 아이들에게 초점을 맞춘 '아빠 육아'가 이슈화되고 있지만 아빠 육아 중심에는 부부가 있어야 한다. 즉 좋은 아빠이기 전에 먼저 '좋은 남편'이 되어야 하는 것이다.

프랑스의 저명한 신경정신의학자이자 비교행동학자인 보리스 시릴리크는 "아버지란 존재는 어머니의 입을 통해 말해진다."라고 이야기했다. 즉 아빠에 대해 엄마가 아이들에게 어떻게 말하느냐에 따라 아빠에 대한 존재감과 이미지가 만들어진다. 그러므로 아이들에게 존경받는 아빠가 되고 싶거든 아내의 마음부터 확실히 사로잡아야 한다.

아내를 행복하게 해주면 아내는 남편에게 받은 사랑을 아이들에게 더 큰 사랑으로 되돌려주기 때문에 사랑의 에너지가 갈수록 커지고 선순환되어 웃음이 끊이지 않는 행복한 가정을 만들 수 있다.

아내를 기쁘게 해주고 싶은 남편들을 위한 노하우

첫째 말과 행동으로 사랑을 표현한다

남자들이 가장 많이 저지르는 실수 중 하나는 '말 안 해도 내 마음을 알겠지!'라고 생각하는 것이다. 내 마음도 내가 잘 모르는데 상대방의 마음까지 아는 건 무리다. 말을 하지 않으면 절대 모른다. 특히 남자들은 집에 오면 피곤하다는 이유로 더욱더 입을 꾹 다물어 버린다.

아내들은 남편이 나에게 눈길도 안 주고 아무런 말을 하지 않을 때 사랑받지 못하다고 느끼기 때문에 우울해하고 스트레스를 성형이나 쇼핑, 폭식 등으로 풀곤 한다. 혹시라도 아내가 지나치게 많이 먹는다 싶으면 "그만 좀 먹고 살 좀 빼라." 하는 식으로 비난하지 말고 '이 여자가 요즘 사랑이 필요하구나' 하고 더욱더 따뜻하게 안아주자. 의외로 식욕은 위가 아닌 마음에 있어서 감정이 충분히 채워져 있지 않으면 감정적 허기를 느껴서 폭식을 하게 되기 때문이다.

둘째 아내가 2만 개의 단어를 소진할 때까지 들어준다

남편들이 아내에 대해 갖는 불만 중 하나는 '말이 너무 많아 피곤하다'는 것이다. 하지만 내 아내만 말이 많은 것이 아니라 대부분의 여자들은 말이 많다. 오죽했으면 '여자 셋이 모이면 접시가 깨진다'는 말까지 있겠는가. 남자와 달리 여자들은 우뇌, 좌뇌 모두에서 언어를 관장하고 있어 하루에 2만 개의 단어(남자는 7천 개)를 소진하도록 프로그래밍되어 있다. 그러므로 아내가 2만 개의 단어를 다 소진하고 편안하게 잠들 수 있도록 피곤하더라도 아내의 이야기에 귀를 기울여야 한다. 아내가 이야기할 때 옆에서 함께 많은 이야기를 하지 않아도 된다. 그저 들으면서 "그랬어?", "속상했겠네.", "아, 그래?" 식의 추임새만 적절히 넣어줘도 아내들은 남편에게 정서적 친밀감을 느낀다. "그만 좀 해라.", "너는 입도 안 아프니?", "쓸데없는 소리 좀 하지 마!", "시끄러워, 밥이나 줘.", "됐어, 말을 말자.", "나 지금 피곤하거든?" 식의 말은 아내의 화를 돋을 수 있으므로 입 밖으로 꺼내지 않는다.

셋째 아내는 해결이 아닌 공감을 원한다

아내가 무슨 이야기를 할 때는 해결해주기를 바라는 마음으로 하는 게 아니다. 그저 자신의 이야기를 듣고 자신의 감정 상태에 공감해주기를 원한다. 하지만 남편들은 아내가 한창 흥분해서 이야기를 하면 "그래서 결론이 뭐야?" 하는 말로 이야기의 흐름을 깨 버린다. 그러면 아내들은 "됐어! 내가 당신과 무슨 말을 하겠어?" 하며 비난으로 응수하게 되고 관계는 자꾸 어긋난다.

그러므로 아내가 얘기를 시작하면 속으로 '결론이 아닌 공감'이라고 되뇌며 아내가 진정 원하는 "아, 그랬어? 그래서?", "그 사람 집 어디야? 내가 가서 혼 좀 내줘야겠다." 식으로 공감을 적극 표현한다.

넷째 생일, 결혼 기념일 등 중요 기념일은 반드시 챙긴다

아내들이 가장 서운할 때가 생일, 결혼 기념일 등 중요한 기념일을 그냥 지나칠 때이다. 애정이 식었다고 생각해 비참함까지 느끼는 아내들도 많다.

그러므로 중요 기념일은 연초가 시작될 때 꼼꼼하게 메모한다. 따지고 보면 챙겨야 할 중요 기념일은 1년에 2~3번뿐이다.

다섯째 아이들에게 아빠의 1순위는 엄마임을 인식시킨다

아이들로 인해 화나고 속상할 때 남편이 놓는 "누가 내 여자 힘들게 했어? 내가 평생 데리고 살 내 여자야. 앞으로 힘들게 하면 가면 안 둔다!" 식의 엄포는 아내를 살며시 미소 짓게 만든다. 자주 아이들 앞에서 '내 여자', '아빠가 이 세상에서 가장 사랑하는 여자'라는 말을 함으로써 '아빠의 1순위는 엄마', '아빠에게 엄마는 사랑스러운 여자'임을 확실히 인식시킨다. 조금 손발이 오글거리긴 하지만 아내의 점수를 따는 데에는 확실히 효과가 있다.

여섯째 친정 식구들에게 잘한다

기혼 여성들이 미혼 후배들에게 가장 많이 해주는 조언 중 하나는 '효자하고 결혼하면 피곤하다'는 것이다. 남자 입장에서는 자신의 부모 극진히 챙기는 게 자식의 당연한 의무라 생각하겠지만 아내 입장에서는 부담스럽고 그런 남편의 모습이 그저 좋아 보이지만은 않는다. 그러므로 나서서 본가 식구들을 챙기기보다는 오히려 처갓집에 더 신경을 써보자. 장인, 장모님께 자주 전화하고 용돈을 드리는 등 살갑게 챙기면 아내는 고마운 마음에 시댁에 알아서 잘한다.

일곱째 미고사와 함께 스킨십을 해준다

평소 미고사(미안해~ 고마워~ 사랑해)를 자주 말하고 손을 잡아주거나 안아주는 등 스킨십을 많이 해준다. 부부가 평소 미고사를 많이 쓰면 아이들도 일상 속에서 자연스럽게 미고사를 쓴다. 아이들 앞에서도 스스럼없이 하는 스킨십은 아이들에게 건강한 성 의식을 심어주는 데 매우 효과적이다.

BONUS

섹스리스 부부를 위한 조언

몸으로 하는 대화 '섹스'. 많은 부부들이 부부 관계에 있어서 성생활이 중요하다고 생각하지만 성생활 횟수를 조사하면 매우 저조한 것으로 나타난다. 섹스리스 부부도 많다. 실제 한국워킹맘연구소에서 설문 조사를 해 보니 아이의 연령이 어릴수록 섹스리스 부부의 비율이 10명 중 4명꼴로 매우 컸다. 만약 아내가 섹스를 거부한다면 그 원인에 대해 알아보고 적극적으로 해결하려는 노력이 필요하다. 특히 여자들은 분위기도 많이 타고 남편에 대한 감정이 부정적이거나 상황이 정리되어 있지 않으면 하고자 하는 욕구가 들지 않으므로 무조건 서운하다고만 생각할 것이 아니라 이에 대한 배려가 필요하다. 행복한 부부 성생활을 원한다면 다음과 같이 해 보자.

아내에게 솔직한 심정을 이야기한다
성 관계를 거부할 때 기분이 어땠고, 앞으로 어떻게 해줬으면 좋겠는지에 대해서 허심탄회하게 털어놓는다. 이때 아내가 비난이 아니라 제안이라고 느낄 수 있도록 말투와 표정에 신경을 쓴다.

적극적으로 섹스 토크를 진행한다
섹스 토크란 서로의 성생활에 대해 이야기하고 서로의 바람을 공유하는 것인데 많은 사람들이 섹스 토크를 껄끄러워한다. 그러나 만족도 높은 성생활을 위해서는 반드시 필요한 과정이다. 단 섹스 토크가 가능하려면 먼저 일상생활의 대화가 원활해야 한다.

한 달에 한두 번 시내의 예쁜 모텔에 간다
집에서 하기만을 고집하기 말고 시내에 나가 데이트도 즐기고 모텔에 가서 좋은 시간을 보낸다면 연애할 때의 기분이 나면서 부부 관계도 한층 깊어진다.

PART 03

엄마가 세워주는 아빠의 자존감

'내 남자'에서 '내 아이의 아빠'로?

남편들이 아내에게 가장 서운할 때는 '아이만 챙길 때'이다. 아내들에게 이런 이야기를 해주면 대부분 콧방귀를 뀌며 어이없다는 반응을 보인다. 아빠가 돼서 무슨 그런 말을 하느냐고 대놓고 쏘아붙이는 아내들도 있다.

아이가 태어나 엄마가 된 순간, 여자의 모든 센서는 오직 아이를 위해서만 작동된다. 따뜻한 눈 맞춤도, 환한 미소도, 사랑스러운 스킨십도 아이에게만 허용된다. 그러다 보니 남자들은 외롭다. 변해 버린 아내의 태도에서 다시 한 번 '아빠'가 됐다는 실감을 하며 서글픔을 느끼기도 한다. 남편 입장에서는 얼마 전까지만 해도 자신만 바라보던 아내가 어느 순간 뉴페이스인 '아이'만 바라보니 질투와 죄책감 사이에서 묘한 감정을 느끼게 된다.

또 아이에게 다가가고 싶어도 서투른 손길을 비난하고 타박하는 아내로 인해 상처도 많이 받는다.

엄마의 문지기 행동, 아빠의 육아 참여를 방해한다

이 시기가 되면 아내들의 예민함은 극에 달한다. 2시간에 한 번씩 깨서 수유를 해야 하니 몸도 마음도 피곤하고 '아이가 잘못되면 안 된다!' 하는 불안감과 '과연 좋은 엄마가 될 수 있을까?' 하는 두려움을 가지고 있다.

또한 아이를 지켜야 한다는 보호 본능으로 인해 '문지기 행동'을 강화하느라 신경이 곤두서 있다. 문지기 행동이란 남편보다 자신이 육아를 더 잘한다는 생각으로 남편의 참여를 가로막거나 방해하는 행동을 말하는데 한마디로 남편을 못 믿어 관리 감독을 하는 아내의 행동을 가리킨다. 남편이 도와주길 바라면서도 정작 남편을 믿고 맡기기에는 불안해 선뜻 도와달라고 손을 내밀지 못하는 것이다.

특히 양육을 자신의 전문 분야라고 생각하는 전업 주부나 부부 갈등을 겪고 있는 아내일수록 남편이 개입하는 것을 싫어하는 경향이 강하다. 그러다 보니 당연히 과중한 육아와 가사에 시달리게 되고 스트레스 또한 많이 받게 된다. 미국의 브리검영대학교 가족연구센터 새러

앨런 교수는 실제로 문지기 집단에 속한 여성들은 그렇지 않은 여성들에 비해 주당 5시간 정도 집안일을 더 하며 그 배우자들은 주당 8시간 적게 자녀 양육 활동에 참여한다고 연구를 통해 밝히기도 했다. 아내가 아이와 남편 사이에서 어떻게 하냐에 따라서 남편이 적극적으로 육아에 참여할 수도 있고 주변만 뱅뱅 도는 주변인이 될 수도 있다.

많은 연구 결과를 통해 밝혀졌듯이 아이에게 아빠가 미치는 영향은 엄청나다. 아빠가 적극적으로 육아에 참여하면 아이의 정서, 지능, 사회성, 신체 발달 등에 긍정적인 영향을 미칠 뿐만 아니라 엄마 또한 육아 스트레스를 덜 수 있어서 좋다. 그러므로 남편이 육아에 적극적으로 참여할 수 있도록 마음의 문을 열고 잘할 때까지 기다려주고 격려해주는 태도가 무엇보다 중요하다. 특히 아이에게 쏟은 관심과 에너지를 남편에게도 나눠주자. 아이에게 아내를 빼앗겨 상처받은 남자가 육아에 적극 참여할 일은 없으니 말이다. 그렇다면 육아 스트레스를 줄이면서 남편을 육아에 적극 참여하게 만드는 방법을 알아보자.

첫째 가사와 육아에 대한 목록 만들기

'아이 목욕시키기', '젖병 소독하기', '기저귀 갈기', '책 읽어주기', '빨래하기', '쓰레기 분리 수거하기', '음식물 쓰레기 버리기' 등 가사와 육아 관련해서 해야 할 일들을 세세하게 모두 적어 본다. 그런 다음 이 중에서 남편이 도와줬으면 하는 것들을 따로 분리해서 목록을 만든다.

둘째 남편이 잘할 수 있는 일 위주로 명확하게 역할 분담하기

남편과 함께 해야 할 일 목록을 보면서 '매일 해야 되는 일', '몰아서 주말에 해도 되는 일' 등을 구분한다. 남편이 해야 할 일에 대해 구체적으로 알려주는 것이 좋은데 이때는 자신이 하기 싫은 일이 아니라 남편이 잘할 수 있는 일을 위주로 역할 분담하는 게 좋다.

시각형인 남편을 위해 해야 할 일과 시점을 자세히 적어 눈에 잘 띄는 곳곳에 붙여놓는 것도 남편을 움직이게 하는 좋은 방법이다.

셋째 육아에 적극적으로 참여시키기

남자들은 시작을 잘 안 해서 그렇지 한 번 마음먹고 하기 시작하면 설거지든 아이와의 놀이든 여자들보다 훨씬 더 잘한다. 그러므로 처음에는 서툴고 어설퍼도 시간이 지나면 좋아질 거라는 믿음으로 남편을 격려하고 기다려준다. 만약 남편이 하는 행동들이 마음에 들지 않는다면 바로 지적하거나 비난하는 대신 '다행 일기'를 작성해 보자. '남편은 비록 ○○하지만 ○○가 아니라서 다행이다'라는 형태로 쓰는 건데 예를 들면 "남편이 아이 목욕은 잘 못 시키지만 그래도 계속 해 보려고 노력하고 있어서 다행이다." 식으로 쓰는 것이다. '다행이다'라는 긍정적인 생각을 할 때마다 좌뇌의 전두엽이 활성화되면서 화가 가라앉고 감사하는 마음이 생긴다.

넷째 나만의 방식 고집하지 않기

내가 정한 원칙에 남편과 아이가 따라와 주기만을 바라다 보면 트러블이 생기기 마련이다. 남편도 자신만의 원칙이 있을 수 있기 때문이다. 각자 자신의 의견만 고집부리다 보면 결국 아이만 부모 사이에서 혼란을 겪는다. 그러므로 나만의 방식만 고집하지 않고 열린 마음을 갖는 것은 물론 미리 부부가 협의를 통해 일관된 양육 원칙을 정하는 것이 좋다.

다섯째 힘들 때 언제든 적극적으로 도움 요청하기

'아이 한 명을 키우는 데 온 마을이 필요하다'는 인디언 속담도 있듯이 혼자 아이를 키우는 건 매우 버거운 일이다. 그러므로 굳이 남편이 아니라도 육아 스트레스를 덜어줄 수 있는 존재가 반드시 필요하다. 친정 엄마나 친정 언니, 이웃, 친구 등 마음을 나누고 실제적인 도움을 받을 수 있는 사람을 만들어놓고 힘들면 적극적으로 도움을 요청한다. 혼자 속으로 끙끙대다가 스트레스를 폭발시키기보다는 평소에 적절히 스트레스를 분산시키는 것이 중요하다.

여섯째 규칙적으로 걷기

몸과 마음이 힘들 때 산책만큼 좋은 것도 없다. 두 발을 규칙적으로 움직이면 뇌에서 세로토닌과 도파민이라는 호르몬이 분비되어 기분이 좋아지고 감정 조절이 한결 수월해진다. 매일 시간을 정해놓고 뒷산이나 운동장, 공원 등 시끄럽지 않고 마음을 달랠 수 있는 곳을 걸어보자. 아이가 어리다면 유모차에 태워 함께 걷는 것도 좋다. 매일 규칙적으로 천천히 걷다 보면 마음이 안정되면서 한결 편안해진다.

일곱째 스스로 행복해지기 위해 노력하기

어른들에게 "애 볼래, 밭 맬래?" 하고 물어보면 "밭 맨다."라고 할 정도로 육아는 힘들다. 특히 초보 엄마에게 하루에 수십 번씩 터지는 돌발 상황들은 고통 그 자체일 수 있다. 하지만 뭐든 마음먹기에 달렸다. 지치고 힘들 때마다 스스로를 다독이면서 '감사 일기'를 써보자. 감사함이 늘어날수록 육아의 기쁨과 행복도 그만큼 커져 있을 것이다. 육아의 고통이 영원할 것 같지만 아이들 크는 것, 정말 금방이다. 그러니 이 순간을 즐기기 위해 노력해 보자.

> **BONUS**
>
> ## 육아 스트레스가 심한 아내에게 남편이 해서는 안 되는 행동
>
> **아내가 말할 때 중간에 끊거나 딴 짓하기**
> 아내가 이야기하는 중간에 끊거나 딴 짓을 하면 거절당했다는 생각에 자신감을 잃는다.
>
> **냉정하게 대하기**
> 집에서 아이만 돌보다 보면 자신감도 떨어지고 주눅이 드는데 남편까지 냉정하게 대하면 아내는 사는 의미를 잃는다.
>
> **밥상 차려달라 요구하기**
> 아이를 업고 후루룩 물 말아서 겨우 밥 먹는 아내 앞에서 반찬 투정을 하거나 밥상을 차려달라고 하면 아내는 남편이 싫어진다.
>
> **성 관계 요구하기**
> 아내의 힘든 마음을 다독여주지 않고 성 관계만 요구하면 아

내는 이기적인 남편에 대해 적대감을 갖는다.

매일 늦게 퇴근하기
종일 아이와 씨름한 아내는 남편이 오기만을 오매불망 기다린다. 남편의 귀가가 늦어질수록 아내는 버림받았다고 생각한다.

뭐가 힘드냐고 말하기
힘들다고 말할 때 "집에만 있으면서 뭐가 힘드냐?" 하는 남편을 보며 아내는 매일 이혼을 생각한다.

미친 여자 취급하기
육아 스트레스로 가끔 비이성적인 행동을 할 때 미친 여자 취급을 하면서 거리감을 두면 아내는 진짜 미칠지도 모른다.

남편도 때로는 울고 싶다

　남편의 눈물을 본 적이 있는가? 만약 남편의 눈물을 본 적이 있다면 그 아내는 감사해야 한다. 남편이 무장 해제되어 자신의 모든 것을 보여줘도 될 만큼 아내를 신뢰하고 있다는 의미니까 말이다. 그만큼 남자의 눈물은 귀하디귀하고 그 안에 수많은 의미를 내포하고 있다.

　웬만해서는 남자의 눈물을 볼 수 없을 만큼 남자들은 잘 울지 않는다. 아니 울고 싶어도 울지 않고 꾹꾹 참는다. 그래야만 한다고 어릴 때부터 배웠고, 약한 모습은 곧 '쪽팔림'이고 '자존심 상하는 일'이기 때문이다.

하지만 남자라고 마냥 강할까. 남자여서 더 고되고 힘들어 울고 싶은 순간도 많다. 필자가 아버지학교와 여러 루트를 통해 만난 아빠들도 그랬다. 울고 싶어도 울지 못하고, 아파도 아프다 말하지 못한 채 담배 한 모금에, 술 한잔에 아픔과 슬픔을 토해내고 있었다. 이러한 모습을 보고 있노라면 필자의 두 아들 모습이 오버랩되면서 가슴이 찌릿하고 먹먹하다. 필자의 두 아들들에게서는 이런 '짠함'을 보고 싶지 않아서 자신의 감정을 솔직하게 표현할 수 있도록 가르치는 중이다. 슬프면 소리 내어 엉엉 울고 좋으면 좋은 대로, 화나고 속상하면 화나고 속상한 대로 마음속에 담아두지 않고 표현하도록 말이다.

감정을 솔직하게 표현해야 건강해진다

자신의 감정을 솔직하게 표현할 수 있어야 몸도 마음도 건강해진다. 여자들은 안다. 울고 싶을 때 꺼이꺼이 소리 내며 한바탕 울고 나면 얼마나 개운하고 시원한지 말이다. 묵은 체증이 확 내려간 느낌이 들면서 기분도 좋아진다. 우리가 느낀 이 기분을 남편들도 느끼게 해줘야 한다. 울고 싶고, 긴 한숨을 토해내고 싶을 때 아내의 품에 안겨 감정을 추스릴 수 있도록 도와줘보자. 감정이든 생각이든 비워야 새로운 것들을 채울 수 있다.

지금부터라도 남편이 '화', '분노', '슬픔', '두려움'과 같은 감정을 비우고 가족에 대한 '감사', '기쁨', '행복감'으로 채울 수 있도록 지혜로운 아내들이 나서서 도와줘보자. 그렇다면 어떻게 해야 남편이 감정을 솔직하게 표현하게 할 수 있을까?

첫째 때로는 남편을 따뜻하게 품어주자

남자들이 표현을 안 해서 그렇지 커도 엄마의 따뜻한 품을 그리워한다. 특히 힘들 때면 포근하게 안아주고 머리를 쓰다듬어주며 "걱정마~"라고 말해주던 엄마의 품에서 느끼는 위안이 더욱더 그립다. 엄마가 해줬던 역할을 이제는 아내가 대신 해줘야 한다. 그렇지 않으면 남편은 자신을 위로해주는 다른 것들을 찾아 헤매게 된다. 남편이 힘들어하는 모습을 보이면 엄마의 마음으로 따뜻하게 안아주고 토닥토닥해줘보자. 엄마의 품처럼 따뜻한 아내의 품은 남편에게 큰 위안과 용기를 줄 것이다.

둘째 남편의 감정 표현을 무시하지 말자

남편도 사람인지라 자신의 감정에 충실하고 싶을 때가 있다. 슬프고 속상해 술 한잔으로 위로받고 싶은데 옆에서 왜 갑자기 안 하던 짓하며 유난을 떠느냐고 면박을 주면 상처를 받는다. 자신의 감정을 솔직하게 표현하는 사람이 그렇지 않는 사람보다 훨씬 건강하게 오래 산다. 그러므로 아내 앞에서는 마음껏 감정 표현을 할 수 있도록 때로는 엄마처럼, 때로는 누나처럼, 때로는 애인처럼 감정을 받아주자.

셋째 남편에게 응원의 메시지를 전하자

출근하는 남편에게 "오늘은 일찍 들어올 거지? 일찍 좀 들어와서 애들 좀 챙겨!" 식의 잔소리를 쏟아내기보다는 남편을 흐뭇하게 바라보고 엉덩이를 토닥거려주며 "당신! 오늘 진짜 멋지다! 행복한 하루 보내고 저녁에 만나." 하며 활짝 웃어주자. 아내의 응원에 힘입어 남편은 그 어느 때보다도 보람찬 하루를 보내고 일찍 퇴근해 올 것이다.

넷째 담배와 술, 때로는 묵인하자

갑자기 담배와 술이 늘었다면 그만큼 고민과 스트레스가 많아졌다는 증거이다. 아내 입장에서는 스트레스를 담배와 술로 푸는 남편이 걱정되고 보기 싫을 수 있지만 남편은 이렇게라도 해서 마음을 달래며 감정을 추스르고 있는지도 모른다. 속에서 부글부글 끓더라도 잔소리를 쏟는 대신 때로는 모른 척 해주자. 다만 정도가 지나치다 싶을 때에는 넌지시 건강이 걱정되니 조금만 줄여줄 것을 부탁해 보자.

다섯째 주기적으로 혼자만의 시간을 갖도록 도와주자

남자들은 본능적으로 자기만의 동굴 속으로 들어가고 싶어 한다. 힘들 때면 더욱 그렇다. 이러한 남자의 마음을 헤아려 주기적으로 남편이 자신만의 동굴에서 시간을 보낼 수 있도록 도와주자. 평일 저녁도 좋고, 주말 오전도 좋다. 상황에 맞게 충분히 재충전할 수 있는 시간을 주면 남편은 긍정 에너지를 다시 가족들에게 되돌려줄 것이다.

여섯째 수다와 유머를 가르치자

수다와 유머는 가장 좋은 스트레스 해결책이다. 아줌마 식 수다를 풀어낼 수 있게 장을 마련하고 이때 남편이 어떤 말을 하더라도 비난을 하거나 면박을 주는 대신 맞장구치고 공감해주자. 자신이 하고 싶은 말을 시원하게 하다 보면 스트레스가 확 풀린다. 유머 역시 재미있는 유머책을 구입해 함께 읽거나 남편의 웃음 코드를 찾아내 하루에 한 개씩 유머를 던져보자. 웃다 보면 상대방을 웃기고 싶어 하는 본능이 꿈틀거려 재미있는 사람이 될 확률이 높다.

일곱째 주기적으로 성생활을 즐기자

부부 사이에 몸으로 하는 대화인 성 관계만큼 서로를 이해하고 충분히 느낄 수 있는 것도 없다. 아무리 다른 부분이 채워진다고 하더라도 성생활이 원활하지 않으면 남자들의 삶의 만족도는 확연히 떨어진다. 규칙적으로 성생활을 즐긴 부부는 그렇지 않은 부부보다 신체 나이가 10년 정도 젊으며 여성의 경우 오르가즘을 느낄 경우 통증에 대한 인내력이 75%나 증가한다는 조사 결과도 있다. 무엇보다 10분간 성 관계에 소모되는 열량은 90칼로리로 에어로빅을 10분 하는 동안 소모되는 열량의 2배나 된다고 하니 서로의 건강과 아름다움을 위해서라도 적극적으로 성생활을 즐겨보자.

BONUS

남자의 마음을 대변하는 시(詩)

남자도 울고 싶다 / 유영호

하늘이 먹먹하다
흘러야 할 것이 흐르지 못해

밥 한 술도 고달프다

세상은 나와 상관없다며
뻔뻔스럽게 잘도 흘러간다

하루가 울컥 거린다
입안으로 쓴맛이 돈다
소리 내어 울고 싶다

누가 남자더러 참으라 했는가
남자보다 훨씬 큰 하늘도
저렇게 큰 소리로 우는데

늘 목구멍을 넘지 못하는
남자의 울음
한번쯤 후련히 토하고 싶다.

남편만의
의자를 마련하라

"당신이 뭘 안다고 그래? 가만히 좀 있어!"

"아버지는 그냥 조용히 계세요."

소란스러운 식당 안이었지만 옆 테이블에서 들린 대화 내용이 또렷하게 들려왔다. 필자도 모르게 시선이 옆 테이블의 중년 남성에게 꽂혔다. 아내와 아들의 핀잔에 잔뜩 민망한 표정으로 고개를 떨구고 있던 그 남성은 주변 사람들의 시선을 의식한 듯 잠시 뒤 밖으로 나가 버렸다. 아내와 아들은 개의치 않고 대화를 계속 이어나갔지만 필자는 밖으로 나간 중년 남성이 신경 쓰여 음식이 목구멍에 넘어가지 않았다. 아버지학교를 수년 째 진행하면서 중년 남성들의 속마음을 듣고 눈물을 봐와서인지 옆 테이블 남성의 마음이 고스란히 전해졌다.

물론 '뿌린 대로 거둔다'고 평소 남편과 아빠의 역할을 제대로 하지 못했으니 이런 수모를 겪었으리라 생각되지만 그렇다고 하더라도 아내가 남편을 무시하는 것은 가정의 질서를 망가뜨리는 일이다. 엄마가 아빠를 무시하면 아이들도 아버지의 존재를 하찮게 여기고 무시하기 마련이다.

엄마가 아빠를 무시하면 아이들도 아빠를 무시한다

보통 아빠의 존재감이 없는 가정을 보면 아이가 어릴 때에는 아빠에게 하는 엄마의 행동을 따라 하고, 사춘기가 되면 아빠를 무시하다가 성인이 되면 대놓고 면박을 준다.

필자의 지인 중에도 평소 남편에게 "애기 좀 봐.", "물 좀 줘.", "TV 좀 꺼.", "소파에 누워 있지 말라고 했지!", "일찍 들어와.", "설거지 좀 해." 등 늘 명령조로 말하곤 했는데 아이가 말문이 트이기 시작하면서부터 엄마가 아빠에게 했듯 똑같이 아빠에게 말해 주변 사람들을 놀라게 했다. 엄마와 많은 시간을 보내는 아이들은 엄마의 말과 행동을 똑같이 따라 하게 된다. 그러므로 남편을 대할 때 말과 행동에 신경 쓸 필요가 있다.

집에서 인정받지 못하는 남편은 바깥에서도 무시와 멸시를 당한다. 남편이 회사에서 해고당할까 봐 전전긍긍하며 갖은 수모를 당하는 모습을 바라는 아내는 이 세상에 없을 것이다.(실제로 남편의 직장생활을 카메라로 촬영해 보여주면 눈물 흘리는 아내들이 많다)

남편이 좀 더 당당하고 멋지게 사회생활을 하길 바란다면 월급이 적다고 승진을 못한다고 능력이 없다고 집에 늦게 들어온다고 폭풍 잔소리를 쏟아내기 전에 먼저 가정을 편안한 쉼터로 만들어보자. 가정에서 충분히 재충전한 남편은 밖에서 누구보다도 열정적으로 일을 해 능력을 인정받게 될 것이다. 가정을 편안한 쉼터로 만들면서 남편의 권위를 세워주려면 어떻게 해야 할까?

첫째 남편의 전용 의자를 마련하라

남자는 누구에게도 간섭받지 않고 온전히 쉴 수 있는 자기만의 공간이 필요하다. 서재처럼 별도의 공간을 만들어주면 좋지만 그렇지 못할 경우에는 남편만이 앉아서 쉴 수 있는 의자를 준비한다. '이 의자는 아빠 외에 아무도 앉으면 안 된다'는 것과 아빠가 의자에 앉는 것은 휴식이 필요하다는 의미임을 설명하면서 '의자에 앉은 아빠를 귀찮게 하면 안 된다' 등의 규칙을 정하고 철저히 지키는 노력이 필요하다. 만약 의자 놓기가 여의치 않다면 방석도 좋다. 오직 남편만이 쉴 수 있는 고유의 영역을 만들어 남편에게 힘을 실어주자.

둘째 잔소리를 줄여라

남편들이 집 밖을 배회하는 가장 큰 이유는 아내의 잔소리 때문이다. 실제로 미국의 저명한 심리학자 루이스 박사는 부부 1,500쌍의 결혼생활을 조사한 결과 남편들이 꼽은 아내의 가장 큰 결함이 잔소리임을 밝혀내기도 했다. 맞는 말도 기분 나쁘게 말하면 잔소리가 된다. 아무리 상대방을 위해서 하는 필요한 말이라더라도 상대방이 듣기 싫어하면 하지 않는 게 좋다. 남편이 뜻대로 잘 도와주지 않거든 잔소리 대신 남편이 듣고 싶어 하는 격려와 칭찬을 해주자. 남편들은 청개구리 기질이 다분해 열 번의 잔소리보다 한 번의 칭찬에 동기부여를 받고 아내가 원하는 것들을 해주는 경우가 훨씬 많다.

셋째 남편의 희로애락을 함께하라

직장생활을 하다 보면 기쁘고 화나고, 슬프고 즐거운 일이 생기기 마련이다. 이럴 때마다 남편의 기분을 이해하고 함께 나누려는 노력이 필요하다. 남편은 회사에서 받은 칭찬에 기분이 좋아서 아내에게 자랑하는데 "집안일을 그렇게 좀 해 봐."라거나 "알았으니 가서 애들 목욕이나 좀 시켜." 하고 면박을 주면 남편은 더 이상 아내와 감정을 공유하지 않는다. 그러므로 기쁜 소식을 전하면 오롯이 기뻐해주고, 속상하거나 화가 난 이야기를 해주면 "누가 내 남편을 힘들게 했어!"라는 리액션을 적극적으로 취해주면서 남편의 희로애락을 함께 나누자. 남편은 '내 편이 있다'는 안도감에 큰 힘을 얻을 것이다.

넷째 남편의 물건을 소중히 여겨라

신발, 가방, 지갑, 시계 등 남편의 물건을 아이들이 함부로 만지게 내버려 둬서는 안 된다. 남편의 물건은 곧 남편의 분신과도 같다. 그러므로 아이들이 아빠의 신발을 밟는다든가 가방을 뒤지는 등의 행동을 했을 때에는 그 자리에서 "아니야, 아빠 물건을 함부로 대해서는 안 돼!" 하고 단호하게 일러준다. 아내가 남편의 물건을 지켜주면 남편도 똑같이 아이들에게서 아내의 물건을 지켜준다.

다섯째 아빠가 최종 결정권자임을 알려줘라

점점 아내들의 파워가 커지면서 가정 내에서 남편이 결정할 수 있는 권한은 거의 없다. 대부분 아내가 모든 것을 결정하고 남편에게 일방적으로 통보하는 경우가 많은데 남편에게도 권한을 줘야 책임감을 가지고 가정의 일에 헌신한다. 집안의 대소사는 물론 아이들이 뭔가를 요구할 때, 무조건 엄마 선에서 해결하지 말고 "아빠와 상의해 보고 알려줄게." 또는 "아빠가 허락해야 엄마도 사줄 수 있어." 식으로 반드시 아빠가 최종 결정권자임을 알려준다.

여섯째 다른 남편과 비교하지 말아라

대부분의 남자들은 본능적으로 남과 자신을 끊임없이 비교하며 자신을 괴롭힌다. 안 그래도 주변의 잘나가는 남자들 때문에 힘든데 아내까지 다른 남자들과 비교하며 바가지를 긁어대면 남자들은 살아가는 의미를 상실한다. 이 세상에 완벽한 남자는 없다. 다른 집 남편이 멋지고 좋아보여도 내가 아플 때 약 사다주고, 파스 붙여주는 사람은 바로 옆에 있는 내 남편이다. 남편의 있는 그대로의 모습을 인정하고 사랑해주자. 곰보도 보조개로 보이던 시절의 애틋함이 다시금 샘솟을지도 모른다.

일곱째 남편의 취미생활을 인정하고 함께하라

남편의 취미생활로 인해 싸우는 집들이 의외로 많다. 부부가 처음부터 같은 취미를 가지고 있다면 더없이 좋겠지만 그렇지 않더라도 남편의 취미를 무조건 못마땅하게 여기기보다는 취미를 인정하고 함께하려는 마음가짐이 필요하다. 때로는 남편이 좋아하는 일에 아이들과 동참해 보는 것도 좋은 방법이다. 남편이 가족 품으로 돌아오기만 강요하지 않고 가족이 먼저 다가가는 것은 남편에게 큰 힘이 될 뿐만 아니라 아이들에게는 아빠를 이해하는 계기를 마련해주어서 사이를 돈독하게 해줄 수 있다.

BONUS

쉴 새 없는 잔소리의 위험성

덴마크에서 40~50대 남녀 4,500명을 대상으로 6년간 조사한 결과에 따르면 잔소리를 많이 들은 남편은 그렇지 않은 남편보다 협심증이 4배나 높게 나타나 빨리 죽는다고 한다. 협심증이란 심장 근육이 피를 충분히 공급받지 못해 갑작스런 흉통을 유발하는 증상으로 관상동맥이 갑자기 막히거나 흥분, 정신적 피로 등 스트레스를 받아 발생되는 경우가 많다. 배우자의 요구 조건이 많고 가장 역할에 대한 부담이 클수록 가슴통증을 더 느꼈다는 결과로 미루어 볼 때 잔소리는 남편의 심장마비를 일으키는 원인이 될 수 있으므로 주의한다.

잠은 무조건 부부가 함께 자야 된다

 몸이 멀어지면 마음도 멀어진다는 말이 있듯이 평생 한 이불을 덮고 자야 하는 부부가 떨어져 자면 잘수록 부부 사이의 친밀감이나 애정 지수 또한 확 떨어진다.

 부부가 같은 공간에서 함께 잠을 잔다는 것은 부부 관계를 유지하는 데 있어서 매우 중요하다. 굳이 성 관계를 하지 않더라도 '함께한다'는 충만한 믿음이 생기고 자는 모습을 보면서 안쓰러움과 고마움을 느껴 서로 더 잘하게 만드는 원동력이 되기도 한다.

 하지만 주변을 보면 각방을 쓰는 부부가 참 많다. 상대방이 싫어서 각방을 쓰는 경우도 있지만 서로 수면 시간과 패턴이 다르거나 숙면을 취하는 환경이 달라 각자 따로 자는 경우들도 있다. 또한 자꾸 깨서 보채고 칭얼대는 아이로 인해 남편이 숙면을 취하지 못할까 봐 걱정한 아내들이 각방을 제안하면서 시작되는 경우도 많다.

각방은 부부 사이를 멀어지게 만드는 지름길

처음 각방을 쓰기 시작한 이유가 무엇이 됐든 시간이 지날수록 이러한 생활은 부부 사이의 치명적인 걸림돌이 될 수 있다. 각방생활에 익숙해지면 함께 자는 게 불편하고 힘들어지기 때문이다. 그러나 부부가 함께 있는 것이 불편해지는 순간 부부 사이의 신뢰와 관계는 깨지고 만다.

상담을 통해 만난 한 부부는 덥고 갑갑한 것을 못 견디는 남편이 거실에 나와 자기 시작하면서 각방을 썼다. 남편은 성 관계가 하고 싶을 때마다 "내가 갈까? 네가 올래?" 하면서 문자를 보내곤 했는데 감정과 분위기에 약한 여자 입장에서는 이렇게 인위적인 만남에서 흥분될 리가 없다. 아내는 점점 남편과의 잠자리를 피하게 됐고 남편은 그런 아내가 못마땅해 자주 부딪히게 되면서 부부 관계는 위기에 직면하게 됐다. 성 관계는 함께 부대끼고, 자연스럽게 스킨십을 하면서 충동적으로 하게 되는 경우가 많다. 하지만 각방을 쓰면 이런 충동성이 없어지기 때문에 그만큼 흥분하기가 쉽지 않다.

한 번 각방을 써서 그 편안함을 알게 되면 다시 합치기가 쉽지 않으므로 처음부터 아예 각방은 쓰지 않는 편이 좋다. 만약 불가피한 이유로 각방을 써야 한다면 반드시 언제까지만 각방을 쓰자고 기한을 정해놓아야 하며, 자는 시간 외에는 부부가 함께하면서 마음의 거리를 줄이기 위해 노력해야 한다.

만약 이미 각방을 쓰고 있다면 합치기 위한 노력을 해야 한다. 처음에는 일주일에 한 번 또는 토요일 저녁 등 요일이나 시간을 정해놓고 함께 누워보는 일부터 시작해 점점 횟수를 늘리는 것이 좋다. 이때 몸이 불편함을 감수하고 익숙해질 때까지 기다려야 한다는 점이 중요하다. 조금 누워 있다가 "도저히 안 되겠어. 그냥 하던 대로 따로 자자."라고 한다면 노력하고자 하는 상대방에게 깊은 좌절감을 안겨줄 수 있다.

100세 시대, 결혼 만족도를 높이기 위해서 어떤 노력을 해야 하는 걸까?

첫째 관계 개선을 위해 노력한다

많은 아내들이 남편이 먼저 다가오고, 남편이 먼저 잘해주기를 바라지만 의외로 많은 남편들이 마음은 있어도 방법을 잘 모르고 혹시라도 거절당할지 모른다는 두려움에 선뜻 용기를 내지 못하는 경우가 많다. 남편과의 관계가 불편하다면 먼저 남편에게 다가가보자. 관계 개선을 위해 거창한 뭔가를 하지 않아도 된다. 그저 말없이 남편의 어깨를 주물러보자. 스킨십은 부부의 친밀감을 높이는 특효약이다. 남편이 소스라치게 놀라도 개의치 말고 몇 차례 하다 보면 남편도 적극적으로 다가올 것이다.

둘째 아무리 화나도 잠은 한 방에서 잔다는 약속을 미리 한다

한 번 각방을 쓰기 시작하면 감정의 골이 더 깊어져 점차 수습이 불가능해진다. 각방에서 자면 서로에 대한 원망과 오기가 늘어 싸움이 장기전으로 진행될 확률이 높아진다. 그러므로 사전에 부부 싸움 후 벽에 붙어 자는 한이 있더라도 잠은 한 방에서 자야 한다는 약속을 미리 정해놓는다. 처음에는 한 방에 있는 것조차 싫겠지만 어느 순간 자는 남편의 모습을 보며 안쓰럽고 애잔한 마음이 들어 화난 감정도 많이 누그러진다.

셋째 일상 속에서 스킨십을 즐긴다

여자들은 일상 속에서 스킨십이 자연스럽게 이루어지지만 남자들은 업무상 하는 악수 외에는 스킨십할 일이 거의 없다. 남편들이 스스럼없이 스킨십을 할 수 있는 유일한 상대는 아내밖에 없다. 손잡고, 팔짱끼고, 안고 쓰다듬어주는 등 자연스러운 스킨십을 통해 남편은 마음의 안정을 얻고 사랑받고 있다고 느낀다. 만약 아내조차 남편에게 스킨십을 해주지 않는다면 남편은 마음 둘 곳을 찾지 못해 방황하게 된다. 남편을 외롭게 혼자 두지 말고 자주 만져주고 안아주자.

넷째 부부만의 의식을 만든다

의도적으로 어떤 행위를 반복하는 것을 '의식'이라고 하는데 부부 사이에 의식은 반드시 필요하다. 출근할 때나 퇴근해서 집에 들어올 때 안아주기, 밖에 나갈 때에는 손잡거나 팔짱끼기, 눈 마주칠 때 윙크

하기, 수시로 입술에 뽀뽀하기, 잘했을 때 엉덩이 토닥거려주기 등 부부만이 할 수 있는 의식을 만들어 익숙해질 때까지 반복한다. 이러한 의식은 부부 사이를 돈독하게 만들어주고 '우리'라는 끈끈한 유대감을 갖게 한다.

다섯째 성적 매력을 높이기 위해 노력한다

스스로를 사랑할 줄 아는 여자는 자신의 몸이 함부로 망가지게 두지 않는다. 늘 가꾸기 위해 노력하고 긴장의 끈을 놓지 않는다. 이렇게 자신을 꾸밀 줄 아는 아내는 남편을 기쁘게 해줄 뿐만 아니라 남편으로 하여금 자신이 '괜찮은 남자'라고 인식하게끔 만든다. 남자들 사이에 "이 시대 최고의 팔불출은 제 마누라 보고 흥분하는 놈이다."라는 우스갯소리가 있다. 나 자신을 잘 가꿔 남편을 어디에 내놔도 손색이 없는 최고의 팔불출로 만들어보자. 이것도 여자의 능력이다.

여섯째 부부만의 섹스 데이를 만든다

하루하루 바쁘고 힘들게 살다 보면 섹스도 사치라는 생각이 들 때가 있다. 이러한 일상이 반복되다 보면 섹스리스 부부가 되는 것은 시간문제이다. 부부 사이에 섹스가 없으면 죽은 관계나 마찬가지다. 그만큼 부부에게 섹스는 매우 중요하다. 서로의 욕구를 채워주는 일도 부부의 중요한 의무다. 그러므로 부부가 협의해 섹스 데이를 만들어보자. 매주 수요일 저녁 또는 토요일 오전 식으로 날짜를 미리 정해놓고 이날만큼은 서로를 만족시키기 위해 최선을 다하다 보면 부부 관계도 훨씬 친밀해지고 깊어질 것이다.

일곱째 성적 만족감을 높이기 위해 노력한다

우리나라 부부의 성 만족도는 최하위이다. 세계 평균은 60~70%인데 한국인의 성 만족도는 10% 미만이라고 한다. 게다가 여성이 남성보다 더 낮다고 한다. 많은 여성들이 섹스는 재미없고 귀찮다고 생각한다. 이는 제대로 성적 만족감을 느껴보지 못했기 때문이다. 전문가들은 부부가 함께 노력하면 100%의 만족감을 얻을 수 있다고 말한다.

이 세상에 공짜로 얻어지는 것은 아무것도 없다. 성적 만족감을 높이기 위해 충분히 대화를 하고 서로가 원하는 바를 채워주기 위해 노력해야 한다. 간혹 여자가 먼저 이야기를 꺼내면 밝히는 여자 취급을 당할까 두려워하는 아내들이 있는데 그건 잘못된 편견이다. 대부분의 남편들은 아내가 적극적으로 다가와주길 원한다. 이왕이면 반응 없는 목석에서 섹시한 요부가 되어보자. 남편뿐만 아니라 스스로의 만족도도 높아지면서 삶에 활력소가 된다.

BONUS

남편과의 성 관계를 원치 않을 때 상처주지 않고 잘 거절하는 방법

"나 오늘 몸이 너무 힘든데… 어쩌지?"
남편과 나의 성 욕구가 다를 수 있다. 남편이 다가올 때 짜증을 부리거나 대놓고 귀찮은 티를 내면 남편은 상처받는다. 만약 몸이 아프거나 힘들어 도저히 할 마음이 나지 않을 때는 남편에게 솔직하게 이야기하면서 미안한 마음을 전한다.

"손으로 해줄까?"
남편의 성 욕구를 무시하면 남편은 좌절감을 느끼고 해소할 다른 방법을 찾게 된다. 몸으로 하기 싫으면 손으로라도 남편의 욕구를 해소해줄 줄 알아야 한다.

"우리 이번 주 토요일에 하는 거 어때?"
"싫어!"라고 무조건 거절하기보다는 언제쯤 할 수 있는지를 알려주고 약속한 날이 되면 그날만큼은 반드시 지키기 위해 노력한다.

"오늘은 화끈한 영상 보면서 혼자 해결해~"
남편의 자위 행위에 충격 받은 아내들이 꽤 있다. 하지만 남자들은 본능적으로 어느 시점이 되면 풀어줘야 한다. 도저히 할 상태가 아니라면 쿨하게 자위 행위를 하도록 권장한다.

"나 요즘 우울해서 솔직히 별로 하고 싶지 않아. 기분 전환이 필요해."
현재의 감정과 기분 상태를 남편이 충분히 이해할 수 있도록 언어로 표현한다. 만약 잠자리에서 거부를 했다면 다음날 반드시 남편에게 편지나 문자 등을 통해 (남자는 시각이 강하다) 남편이 싫어서 거부한 게 아님을 명확히 설명해주는 것이 좋다.

아이까지 아빠를 미워하게 만들지 마라

　기혼 여성들을 대상으로 교육할 때마다 묻는 질문 중 하나는 '부부 싸움 후의 행동'에 관해서이다. 과연 여성들은 부부 싸움 후 어떤 행동을 가장 많이 할까?

　1위는 바로 '아이 혼내기'이다. 많은 여성들이 남편에게 화난 감정을 아이에게 주로 푼다고 이야기했다. 집을 어질렀다고 버럭, 형제끼리 싸운다고 버럭, 공부 안 한다고 버럭 하면서 말이다. 필자도 경험을 해 봤지만 일부러 아이에게 '화내야지'라고 생각하고 그러는 것은 절대 아니다. 화가 나 있으면 사소한 행동도 눈에 거슬리기 마련인데 아이가 주로 레이더망에 걸려 불통이 그쪽으로 튈 뿐이다.

다음으로 많이 하는 행동은 '아이에게 아빠에 대한 험담을 하거나 싸잡아 비난하기'이다. 화가 나면 아이에게 "도대체 네 아빠는 왜 그러니? 진짜 못됐어!" 식으로 이야기를 하거나 아이를 보면서 "너는 어쩌면 하는 짓이 네 아빠랑 똑같니? 꼴도 보기 싫으니 나가!" 하는 식으로 아빠와 아이를 동일시해서 비난을 한다.

그러면 안 되는 걸 알면서도 솔직히 남편이 미우면 아이도 미울 때가 있다. 특히 남편을 닮은 아이나 남편이 유난히 예뻐하는 아이는 더욱 밉다.

마지막으로 많이 하는 행동은 '아이를 내 편으로 만들기'이다. 남편이 미우면 자연스레 아이에게 의지하고 싶고 위로도 받고 싶어진다. 남편이 미우면 미울수록 아이와 더욱더 많은 시간을 보내고 친밀한 관계를 가지면서 남편을 소외시킨다.

사랑의 유효 기간은 2년, 의식적 노력 없으면 관계 깨져

위의 결과에 대해서 다른 기혼 여성들에게 이야기를 해주면 다들 빵빵 터진다. 이 집이나 저 집이나 상황들이 거의 비슷하기 때문이다.

살면서 감정을 잘 조절하고 이성적으로 생각하고 행동하는 건 참으로 어렵다. 특히 부부 관계에 있어서는 더욱더 그렇다. 미국 코넬대학교의 인간행동연구소에서 남녀 5,000명을 대상으로 조사한 결과 남녀 간의 가슴 뛰는 사랑은 18~30개월이면 사라진다고 한다. 즉 남녀가 만난 지 2년을 전후해 대뇌에 항체가 생겨 사랑의 화학물질이 더 이상 생성되지 않고 오히려 사라진단다. 부부는 검은 머리가 파뿌리가 될 때까지 살아야 되는데 사랑의 호르몬이 2년만 나오다 보니 많은 부부들이 힘들어한다. 실제로 상담을 해 보면 서로를 비난하고, 헐뜯고, 깎아내리는 데 많은 에너지를 쏟는 부부가 많다.

2년간 사랑의 힘으로 살았다면 남은 기간 동안에는 '의식적인 노력'으로 살아야 한다. 그래야 신뢰, 믿음, 정이 쌓이면서 부부 관계는 더욱더 탄탄해지고 아이들은 그 안에서 안정적으로 잘 자랄 수 있다.

아내들이 가장 신경 써야 할 의식적인 노력 중 하나는 남편이 밉다고 해서 아이까지 남편을 미워하게 만들지 않는 것이다. 특히 딸은 아들보다 감정이입이 빠르고, 엄마와 자신을 동일시하는 경향이 강해 엄마가 아빠를 싫어하면 딸도 아빠를 싫어할 확률이 매우 높으며 이는 아이의 성장 과정에까지 엄청난 영향을 미친다.

내 아이가 밝고 건강하게 자라길 바란다면 남편에 대한 감정 조절을 잘해야 한다. 그렇다면 남편과 싸우고 난 뒤에는 어떻게 행동하면 좋을지 알아보자.

첫째 아이 앞에서 남편 험담이나 하소연을 하지 않는다

부부 싸움을 하고 난 뒤 아이 앞에서 아빠 험담을 하거나 하소연을 하는 경우들이 있다. 아빠보다 엄마와 많은 시간을 보내는 아이들은 엄마의 말과 행동에 영향을 많이 받는다.

사랑하는 엄마를 힘들게 하는 사람에 대해 아이들은 아무리 아빠라고 할지라도 적대심을 갖는다. 엄마는 순간적인 감정으로 말을 하고난 뒤 잊어버릴지 모르지만 아이들은 계속 아빠에 대한 미운 감정을 마음에 품고 키우게 될 가능성이 크다.

또한 아빠를 좋아하는 마음과 엄마에게서 이입된 미운 감정이 섞이면서 혼란을 겪을 수 도 있다. 심지어 엄마가 아빠에 대해서 화낼 때는 언제고 다시 웃으면서 관계가 좋아지는 것을 보고 배신감을 느끼는 아이들도 있다. 그러므로 아무리 화가 나도 아이가 보는 앞에서 험담하거나 하소연하는 행동은 하지 않는다.

둘째 아이가 듣는 데서 다른 사람들에게 남편의 험담을 하지 않는다

남편에게 화가 나면 여자들은 어딘가에 말을 해서 풀고 싶어진다. 그 대상이 누구든 아이가 듣는 데서 전화 통화를 한다거나 만나서 남편에 대해서 험담하는 행동은 하지 않는다. 아이들은 엄마가 아빠에 대해서 다른 사람에게 말하는 것을 수치스러워할 수 있을 뿐만 아니라 엄마가 말한 아빠의 모습이 전부라고 느껴 아빠에 대해 신뢰감을 갖지 않을 수 있다. 또한 험담을 들은 사람이 남편에게 조언을 빌미로 이야기를 전달함으로써 관계가 더 어긋날 수도 있기 때문에 늘 가정사를 얘기할 때는 신중을 기하는 것이 좋다.

셋째 아빠에게 화가 난 이유에 대해서 아이에게 설명한다

남편에 대해 갖고 있는 감정은 어떻게 해서든 티가 난다. 분위기가 냉랭하면 아이들은 어떻게 행동해야 할지 몰라 눈치를 보고 불안해한다. 그러므로 남편에게 화가 났거나 속상한 일이 있으면 그 이유에 대해서 아이에게 설명해준다. 단, 험담이 아닌 엄마의 감정을 솔직하고 담담하게 말해준다. 이때 절대 아이의 잘못이 아니라고 말해주는 게 중요하다. 그렇지 않으면 아이들은 자신 때문에 엄마가 아빠와 싸웠다고 생각하면서 죄책감에 시달릴 수 있다. 그다음 '화'라는 감정은 자연스러운 감정이며 화가 풀리면 언제든지 다시 예전처럼 좋은 관계를 갖게 된다고 설명해주고 아이 앞에서 좋아진 모습을 반드시 보여야 한다. 이러한 과정을 통해 아이도 화가 났을 때 어떻게 대처하고 행동해야 하는지를 배우게 된다.

넷째 남편에게 글을 통해 솔직한 마음을 전한다

화가 났을 때 마음에 담아두면 '화병'이 생기고 말을 하면 '싸움'이 되는 경우가 많다. 이럴 경우 가장 좋은 방법은 글을 통해 솔직하게 마음을 전하는 것이다. 남자들은 화가 났다고 직접적으로 표현하지 않으면 절대 모른다. 그러므로 글을 통해 내가 왜 화가 났으며 앞으로는 어떻게 해줬으면 좋겠는지를 쓴다. 글을 쓰면서 감정이 한 번 순화가 되고, 남편은 아내의 마음을 알 수 있어서 관계 회복 속도가 훨씬 빨라지게 된다.

다섯째 아이가 괜찮을 거라는 생각은 하지 않는다

부부 관계가 좋지 않거나 싸운 후 '애가 뭘 알겠어?' 혹은 '내 아이는 괜찮을 거야'라는 생각은 하지 않는다. 아이들이 말을 안 해서 그렇지 엄마, 아빠 관계가 어떠하고 현재 엄마의 감정 상태는 어떠한지 모두 알고 있다. 또한 아이들은 다 똑같다. 엄마, 아빠의 표정이 어두우면 아이들도 불안해하고 초조해하며 버려질지 모른다는 두려움에 휩싸인다. 조숙하고 모범적인 아이일수록 마음속 상처가 더 클 수 있으므로 아이의 감정을 세심하게 관찰하고 배려하기 위해 노력한다.

여섯째 아무리 화가 나더라도 비난, 경멸 등의 행동은 삼간다

부부가 싸우는 원인은 싸움의 내용이 아니라 싸움의 방식 즉 비난, 방어, 경멸, 회피 등이라고 한다. 아무리 화가 나더라도 대놓고 비난하거나 경멸하는 태도는 삼간다. 당장 이혼해서 평생 안 보고 산다면 모를까 그렇지 않다면 서로에게 상처를 주는 건 스스로에게도 크나큰 손해다. 특히 말로 인한 상처는 쉽게 치유되지도 않기 때문에 상대방이 싫어하는 말, 상처가 될 수 있는 말과 행동은 처음부터 아예 하지 않는 편이 좋다.

일곱째 우울감을 극복하기 위해 노력한다

엄마가 한숨을 쉬고 우울해하며, 얼굴에 그늘이 져 있으면 아이들 역시 우울증에 걸릴 확률이 높다. 남편으로 인해 속상하고 화가 나더라도 아이들이 눈치를 챌 만큼 표나게 행동하지 않는다. 자신만의 방법으로 그때그때 스트레스를 풀면서 아이들에게는 가급적 밝고 활기차며 웃는 모습을 보여주도록 노력한다. 평소 남편의 장점을 적어놓고 화가 날 때마다 남편을 장점을 되새겨보는 일도 화난 감정을 추스르는 데 좋은 방법이다.

BONUS

미운 남편을 죽이는 10가지 방법

① 술 먹고 들어온 남편, 밉지만 아침에 출근할 옷을 다려놓고 사랑의 도시락과 정성 들여 해장국과 밥상을 차려놓는다. 일어나면 깜짝 놀라서 심장마비로 죽을 수도 있다.

② 남편이 퇴근하고 들어오면 오늘 수고했다고 뜨거운 물을 받아놓고 목욕을 시켜준다. 너무 감동해서 울다가 탈수로 죽을 수도 있다.

③ 평소에 안 하던 짓을 계속 한다. 잔소리 대신 칭찬과 사랑의 말을 한다. "왜 이렇게 변했냐?"고 물어보면 답을 하는 대신 웃음으로 대답해준다. 궁금해서 죽을 수도 있다.

④ 현모양처가 된다. 아이들한테 친절하고 상냥한 엄마로 남편에게 이해심이 많은 사랑스런 아내로. 남편은 비위가 약해서 죽을 수도 있다.

⑤ 맛있는 요리를 배워 매일같이 맛있는 요리를 해준다. 언젠가 너무나 맛있다며 많이 먹어서 배 터져 죽을 수도 있다.

⑥ 호칭을 '자기'로 바꾸고 "자기야, 밥 먹었어?", "자기야, 술 조금만 마시고 일찍 들어와.", "자기야, 수고했어.", "자기야, 고마워." 하며 애교를 섞어서 말한다. 낯간지러워 죽을 수도 있다.

⑦ 퇴근하고 들어오면 예쁘게 단장하고 로맨틱한 옷을 입고 기다린다. 황홀해서 죽을 수도 있다.

⑧ 왕처럼 떠받들어주고 존경해준다. 역대 왕들은 오래 못 살았으니 일찍 죽을 수도 있다.

⑨ 남편 몰래 생활비를 아껴서 적금을 들어놨다가 자금 때문에 힘들어할 때 보탠다. 감동받아 죽을 수도 있다.

⑩ 이렇게 남편에게 정성 들이고 사랑하고 비위를 다 맞춰주고 행복하게 해주면 무슨 꿍꿍이가 있는 줄 알고 불안해서 죽을 수도 있다.

남편을 육아와 가사에 초대하라

하루에도 수십 통씩 오는 상담 메일 중 가장 많은 부분을 차지하는 게 바로 육아와 가사에 소홀한 남편에 대한 고민이다. 특히 똑같이 직장에서 일하는데 집안일과 육아는 당연히 엄마가 해야 한다며 손 하나 까딱 않는 남편을 둔 워킹맘들의 불만은 하늘을 찌른다.

고민 내용을 읽다 보면 '어쩌다 청소기 한 번 돌려주고는 갖은 생색을 내는 남편', '갑자기 일이 생겨 아이 좀 데려오라고 전화했더니 회식 있다며 거절하는 남편', '아이 좀 봐달라고 하면 TV 리모컨부터 집어 드는 남편', '일요일 아침마다 조기축구를 한다고 나가서는 오후엔 피곤하다며 잠만 자는 남편' 등등 수만 가지 남편 유형을 만나게 된다.

통계청 조사에 따르면 집안일을 하는 시간이 전업 주부의 경우 6시간 25분, 맞벌이 아내의 경우 3시간 28분인 반면 전업 주부의 남편은 31분, 맞벌이 아내의 남편은 32분이라고 한다. 아내가 직장이 있거나 없거나 남편이 집안일을 하는 시간은 1분밖에 차이가 나지 않으니 아내들이 불만을 가질 수밖에 없다.

남편이 육아와 가사에 무관심한 건 아내에게도 책임이 있다

하지만 남편이 육아 및 가사에 무관심하다면 아내에게도 어느 정도 책임이 있다. 남편을 양육 주체자로 인정해주지 않고 적응할 기회를 주지 않았기 때문이다. 남편들에게 육아와 가사를 하지 않는 이유를 물어봐도 "방법을 모르고, 해도 욕먹고, 명령조로 말하는 아내의 말투가 싫다."고 말한다.

남자들은 본능적으로 자기가 모르는 영역은 불안해하고 불편해한다. 그래서 한 발짝 떨어져서 지켜만 보거나 때로는 회피해 버린다. 아내 입장에서는 남편의 그러한 모습이 '무관심'으로 비춰져 서운할 수 있지만 원시 인류의 사냥꾼 기질을 가지고 태어난 남자들에게는 살아야 된다는 생존 본능이 프로그래밍되어 있기 때문에 무능력을 들킬까봐 본인이 잘하는 것만 하려는 속성이 있음을 이해할 필요가 있다. 게다가 우리나라 남자들은 큰일을 해야 한다며 부엌 출입을 자제시켰던 가부장적인 부모 밑에서 자랐다. 어릴 때부터 쳐다보지도 않고 해 보지도 않았던 가사와 육아를 결혼했다고 하루아침에 뚝딱 잘할 수는 없다. 그러므로 남편이 잘할 수 있도록 아내가 적극 지원하고 알려주면서 함께 변화해야 한다.

짜증 대신 구체적인 언어로 도움 요청하기

무관심한 남편으로 인해 힘들어하는 아내에게 "남편한테 도와달라고 요청해 보신 적 있으세요?"라고 물어보면 대부분 "말하면 뭐해요, 어차피 똑같을 텐데요."라고 대답한다.

한마디로 얘기도 안 하고 가슴속에 묵묵히 분노만 쌓아 두고 있는 것이다. 남편이 변할지 안 변할지는 아무도 모르는 법이다.

일단은 자신이 느끼고 있는 감정이나 힘든 상황을 솔직히 터놓고 얘기해야 한다. 짜증을 내거나 푸념하는 식이 아니라 진지하게 현재 상황을 말하고 구체적으로 어떻게 도와주기를 바라는지 얘기하는 편이 좋다. 이때 남자의 언어를 이해하고 있으면 더욱더 도움이 된다.

남자의 언어 1. 말로 표현하지 않으면 모른다

남자들은 여자들만큼 상대방의 기분을 눈치채는 감도 없고 공감 능력도 매우 떨어진다. 그래서 말하지 않으면 절대 모른다. 화났다는 표시를 표정이나, 행동으로 (주로 설거지하다 그릇에 분풀이를 하거나 아이에게 짜증을 부린다) 보여도 직접 "화가 났다."라는 말을 하지 않으면 화가 난지도 모른다. 그러므로 자신의 감정에 대해 솔직하게 언어로써 표현하는 연습을 한다.

남자의 언어 2. 구체적으로 알려줘야 안다

남자들은 구체적으로 말해줘야 안다. 가사나 육아 역시 막연히 "도와줘."라고 말하면 뭘 어떻게 도와줘야 할지 몰라 모르쇠로 버틴다. "딱 보면 모르니!"라는 소리가 절로 나오긴 하지만 남자들은 진짜 모른다. 그러므로 차근차근 구체적으로 알려줘야 한다. 아이와 보내는 시간 역시 마찬가지다. "아이와 놀아줘."라고 하면 어떻게 놀아줘야 할지 몰라 TV부터 켜게 되므로 미리 아이가 좋아하는 놀이나 아이가 원하는 것에 대한 정보를 알려줌으로써 자신감을 심어준다. 엄마가 직접 시범을 보여주는 것도 좋다. 단 너무 구체적으로 이것저것 말하면 자칫 잔소리로 들릴 수 있으므로 남편이 반드시 알아야 할 팁만 던져주고 나머지는 알아서 하도록 유도한다.

남자의 언어 3. 명령조를 싫어한다

남자들은 타고난 본성이 "해라!"라는 식의 명령어를 들으면 자신의 권위와 능력에 도전한다고 생각해서 오히려 삐딱하게 나간다. 그러므로 집안일을 분담하거나 남편의 도움이 필요할 때 "설거지 해."가 아니라 "나 지금 청소기 돌려야 하는데 설거지 좀 해줄 수 있어?", "자기가 좀 도와주면 어떨까?"처럼 도움을 청하는 말투가 효과적이다.

남자의 언어 4. 하루에 쓸 수 있는 단어는 7천 개이다

남자들이 하루에 쓸 수 있는 단어의 수는 7천 개인 반면 여자는 2만 개이다. 남자들은 직장에서 7천 개를 다 쓰기 때문에 집에 오면 파김치가 되어 말문을 닫아 버리지만 여자들은 그렇지 않다. 아직도 소진해야 하는 많은 단어가 남아 있어 퇴근하고 들어오는 남편에게 미주알고주알 이야기하고 싶어 한다. 남편이 들어오자마자 TV 리모컨부터 들거나 이야기를 제대로 듣지 않는 이유는 사랑이 식어서 그러는 게 아니라 그저 쓸 단어와 에너지가 떨어진 상황이라는 점을 이해한다. 그러므로 남편이 퇴근해서 집에 오자마자 할 말을 쏟아내거나 집안일을 시키기보다는 20~30분이라도 쉬면서 재충전할 수 있도록 배려하는 편이 좋다.

남자의 언어 5. 결론형이다

남자들은 해결을 중요시하기 때문에 결론이 나지 않는 대화를 싫어하고 어떤 대화든지 결론을 내리고 싶어 한다. 그래서 주저리주저리 말을 늘어놓으면 참다못해 "그래서 결론이 뭐야?"라고 얘기해 버린다. 공감을 받고 싶지 해결책을 바라는 게 아닌 아내 입장에서는 남편의 반응이 서운하고 마음 상할 수 있지만 남자들은 태어날 때부터 뇌 프로그램이 그러하므로 인정할 건 인정해야 마음이 편해진다.

남자의 언어 6. 인정받고 싶은 욕구가 강하다

남자들은 인정받으려는 욕구가 매우 강하다. 자기를 인정해준 사람에게 목숨까지도 바치는 사람들이 바로 남자다. 집에서도 남편과 아빠로서 인정받고 있다고 느낄 때 가정에 더욱더 헌신한다.

그러므로 남편이 아내와 아이들에게 얼마나 필요하고 소중한 존재인지 말과 행동으로 보여주는 것이 필요하다. 예를 들면 중요한 의사 결정은 남편에게 맡긴다거나 음식을 먹을 때 아이들에게 아빠 몫을 먼저 챙기게 하거나 아빠 먼저 드리는 습관들이기, 아빠 출퇴근 시간에 인사시키기 등 아빠의 존재감을 느낄 수 있도록 하는 것이 좋다.

남자의 언어 7. 칭찬에 약하다

많은 남편들을 만나서 얘기해 보면 아내의 칭찬에 목말라한다. 매번 비난만 듣다 보니 자신감도 떨어지고 집에 들어가기 부담스러워한다. 간혹 가사나 육아하는 것이 맘에 들지 않더라도 비난보다는 격려해주면서 손에 익을 때까지 기다려주는 지혜가 필요하다.

또한 남편의 도움을 받았을 때는 그 자리에서 고마움을 표현하고, 가끔 사람들 앞에서 남편이 얼마나 자상하게 잘 도와주는지에 대해서 칭찬을 하며 기를 살려주는 센스가 필요하다.

BONUS

주말, 붙박이 남편을 대하는 법

평일에 열심히 일했으므로 주말에는 푹 쉬고 싶은 남편의 마음을 헤아려줄 필요가 있다. 아침부터 짜증 섞인 말로 "빨리 일어나서 청소 좀 해.", "나들이 좀 가자." 식으로 달달 볶는 것은 관계만 나빠질 뿐 전혀 도움이 되지 않는다.

따라서 "오전에는 내가 애들 볼 테니까 푹 자. 대신 점심 이후에는 나도 좀 쉬게 자기가 애들하고 시간 좀 보내줘." 식으로 배려할 건 확실히 배려하고 원하는 것은 정확하게 요구하면 남편들은 미안하고 고마운 마음에 알아서 '잘' 움직인다.

아빠에게 인사하는 법을 가르쳐라

얼마 전 친구 집에 놀러간 적이 있었다. 마침 남편들이 모두 늦게 온다고 해서 아이들과 저녁까지 먹고 갈 생각으로 마음 놓고 수다를 떨고 있는데 친구 남편이 저녁 약속이 취소됐다며 불쑥 문을 열고 들어왔다. 남편의 예고 없는 등장에 친구는 얼굴을 붉히며 "오늘따라 왜 이렇게 빨리 들어왔어?" 하고 볼멘소리를 했다. 아이들은 만화 영화를 보다가 엄마의 큰소리에 아빠를 힐끔 한 번 쳐다볼 뿐 이내 다시 만화 속으로 빠져들었다.

아내와 아이들의 냉랭한 반응에 무안해하는 친구 남편을 보고 있자니 필자가 더 민망해져 서둘러 아이들과 밖으로 나왔다. 물어보지는 않았지만 분명 친구 부부는 그날 밤 부부 싸움을 했을 것이다. 친구 남편은 일찍 들어가는 자신을 반길 가족들의 모습을 상상하며 들어왔을지도 모른다. 어쩌면 "오늘 모처럼 일찍 왔으니 맛있는 것 먹으러 가자!"라고 말하려고 부랴부랴 왔을지도 모른다.

하지만 집에 들어갔을 때 아무도 자신을 반기지 않는다는 사실을 알았을 때 기분이 어땠을까? 집에 들어가도 반김을 받지 못하는 남편들의 모습은 비단 내 친구 남편에게서만 보이는 게 아니다. 수많은 남편들의 모습이 이와 비슷하다. 오죽했으면 40~50대 남성들이 가장 많이 찾는 곳이 애견 샵일까. 집에 들어가도 아무도 관심을 가져주지 않으니 강아지의 반김이라도 받고 싶어 많은 남성들이 강아지를 사려고 한단다. 물론 아내의 동의를 얻지 못해 결국 불발로 끝나는 경우가 많지만 말이다.

아빠에게 인사 안 하는 아이, 전적으로 엄마 책임

이런 실태를 반영한 TV 광고까지 있었다. 퇴근 후 집에 들어가 "애들아, 아빠 왔다!" 하고 외쳐도 강아지 외에는 꿈쩍도 하지 않는 가족들이 택배 기사의 "택배요~" 하는 목소리에 모두 신나게 뛰어나가는 내용이었는데 많은 아빠들이 광고를 보며 "우리 집과 똑같다."며 씁쓸해했다.

집에서 나가고 들어올 때 서로 인사를 주고받는 것은 기본적인 예의이다. 하지만 기본조차 지키지 않는 가정이 참 많다. 친구네 집만해도 아무리 아이들이 만화 영화를 보고 있었다고 하더라도 아빠가 들어오면 인사부터 하게끔 했어야 했다. 한창 아빠를 반기고 안길 나이에 만화 영화를 본답시고 아빠를 본체만체하는데 좀 더 크면 아빠를 어떻게 대할지는 안 봐도 뻔하다.

아이들이 아빠에게 인사를 안 하는 것은 전적으로 엄마의 책임이다. 엄마가 아빠에게 인사하는 모습만 보였어도 따라쟁이 아이들은 그대로 따라 하기 때문이다. 아버지학교를 진행할 때 아내에게 바라는 점을 말해 보라고 하면 놀랍게도 "출근 전이나 퇴근하고 집에 들어왔을 때 눈 마주치고 인사 좀 해줬으면 좋겠다."라는 말을 많이 한다.

한 젊은 아빠는 "아침밥까지는 바라지도 않는다. 아침에 나갈 때 일어나서 잘 다녀오라는 인사라도 해줬으면 좋겠다. 남편이 출근한다고 해도 꿈쩍도 안 하고 자는 아내의 모습에 서운할 때가 많다."고 말하기도 했다.

우리 아이가 어디를 가든 인사성 밝고 예의 바르다는 소리를 듣도록 교육하고 싶다면 먼저 집안의 가장 어른인 아빠에게 인사 잘하는 아이로 만들어보자. 가정에서 인사와 예절이 몸에 밴 아이는 밖에 나가서도 잘하는 건 물론이다. 그렇다면 어떻게 해야 남편의 기를 살리면서 아이의 인사성도 바르게 길러줄 수 있을까?

첫째 문소리가 들리면 하던 일을 모두 멈춘다

문소리가 들리면 모두 하던 일을 멈추고 인사하러 나온다. 가끔 부엌에서 요리를 하면서 남편이 퇴근하고 집에 와도 들여다보지 않거나 그 자리에서 "왔어?" 하는 아내들이 있다. 어떤 아내들은 소파에 누워 TV를 보면서 아는 체도 안 한다. 엄마가 그러면 아이들도 TV를 보거나 게임을 하면서 눈도 마주치지 않은 채 "오셨어요?" 하고 인사를 하거나 아예 신경을 안 쓴다. 아빠한테 그러는 아이들은 엄마한테도 똑같이 행동한다. 밖에 나갔다가 들어왔는데 아무도 반기지 않았을 때 느껴지는 쓸쓸함은 당해 보지 않은 사람은 절대 모른다.

둘째 엄마가 먼저 반갑게 인사하는 모습을 보인다

남편이 출근하거나 퇴근할 때 특별한 일이 있지 않는 한 현관까지 나가서 인사를 한다. 아침마다 아내의 밝은 인사를 받고 출근하는 남편은 그러지 않은 남편에 비해 연봉이 3배나 높다는 연구 결과도 있다. 혹시라도 남편의 연봉에 불만이 있다면 바가지 긁기 전에 남편에게 아침, 저녁 환한 미소로 인사해 보자. 남편의 자존감이 높아지는 것은 물론 아이도 엄마처럼 인사 잘하는 아이가 될 것이다. 아이가 어리다면 배꼽 인사를 해서 따라 하게끔 유도하는 것도 좋은 방법이다.

셋째 공부보다 인사가 더 중요함을 인식시킨다

어떤 아내들은 아이들 공부에 방해된다며 남편에게 조용히 들어오라고 주문하기도 한다. 공부보다 더 중요한 것은 '인성'이다. 아무리 머리가 똑똑하고 공부를 잘해도 기본이 갖춰져 있지 않으면 어디를 가든 환영받지 못한다. 아빠에게 인사도 제대로 할 줄 모르는 아이가 학교에 가서 선생님이나 다른 어른들에게 인사를 할 리가 없다. 그러므로 아이에게 아무리 공부를 하고 있더라도 아빠가 오면 반드시 나가서 인사해야 함을 알려줘야 한다. 공부보다 더 중요한 게 있음을 깨우치게 해주는 것도 지혜로운 아이로 자라나게 하는 방법 중 하나다.

넷째 우리 집만의 세레모니를 만들어본다

정중히 고개 숙여 인사하는 것도 좋지만 우리 식구들만의 개성을 담아 세레모니를 만들어보는 것도 좋다. 예를 들어 하이파이브하기, 힘껏 안아주기, 손으로 하트 만들기, 양볼에 뽀뽀를 하는 인사도 좋다. 참고로 가수 윤도현 씨는 일하러 가기 전 아내와 입술, 왼쪽 볼, 오른쪽 볼, 다시 입술로 마무리하는 뽀뽀 투어를 한다고 방송에서 밝히기도 했다. 부부끼리의 자연스러운 스킨십은 아이들에게도 긍정적인 영향을 미친다.

다섯째 진심을 담아 인사한다

요즘은 사건 사고가 워낙 많다 보니 아침에 집에서 나가면 어떻게 될지 아무도 모른다. 실제로 아침에 나눈 인사가 마지막인 경우도 많다. 마지막 인사를 비난과 욕설, 냉랭함 등으로 하고 싶지는 않을 것이다. 아침에 출근할 때는 조심히 잘 다녀오라는 간절함을 담아 인사하고 저녁에 퇴근하고 들어올 때에는 무사히 잘 돌아와서 고맙다는 마음을 담아 인사해 보자. 그 어떤 말보다도 아침, 저녁으로 진심을 담아 한 인사는 포근하고 따뜻하고 사랑이 넘칠 것이다.

BONUS

인사할 때 반드시 들어가야 할 '미소'에 관한 좋은 글귀

미소 / 랍비 S.R. 허시

비용이 들지 않지만 많은 것을 준다.
주는 이가 가난하게 되지 않으면서도
받는 이를 풍요롭게 한다.
잠깐이지만 그에 대한 기억은 때로 영원하다.

아무리 부자라도 이것이 필요 없는 사람은 없고
아무리 가난해도 이걸 못한 만큼 가난한 사람은 없다.
가정에 행복을 더하고
사업엔 촉진제가 되고
친구 간엔 우정을 돈독하게 만든다.

피곤한 자에겐 휴식이 되고
좌절한 자에겐 용기를 주며
슬퍼하는 자에겐 자연의 해독이 된다.

돈을 주고 살 수도 없으며
빌릴 수도 없고
훔칠 수도 없다.

남편이 꼭 필요한 사람임을 알려줘라

친구들 모임에 빠지지 않고 등장하는 소재는 바로 남편이다. 남편이 '얼마나 가정에 소홀하고 무심한 남편이자 아빠인지', '얼마나 이기적인 사람인지' 경쟁이라도 하듯 서로 자신의 남편에 대해 열을 내며 뒷담화를 하곤 한다.

친한 친구들에게라도 털어놓으며 스트레스를 푼 후 다시 남편과 좋은 관계를 맺을 수 있다면 좋지만 문제는 이렇게 남편에 대해 감정이 안 좋은 친구들은 일상에서도 부부 트러블이 심해 관계 회복이 어렵다는 데에 있다.

얼마 전 모임에서도 역시 남편을 소재로 많은 이야기들이 오고가던 도중 한 친구가 "남편과 주말 부부라도 해야지 매일 보는 것이 힘들다."고 하소연을 했다. 그러자 다른 친구가 "일주일은 무슨, 나는 남편이 멀리 해외 출장이라도 가서 몇 년씩 안 보고 살았으면 좋겠다. 매달 월급만 보내고 아예 안 들어왔으면 좋겠어."라고 말하자 다들 공감하며 박장대소를 했다. 필자도 상담하다 보면 별의별 이야기를 다 듣는지라 공감의 미소를 짓긴 했지만 너무 안타까웠다. 얼마나 싫으면 저런 이야기를 스스럼없이 할까 하는 생각과 함께 저러다 조만간 이혼한다고 하는 거 아닐까 하는 불안감마저 일었다.

가정 일에 무심한 남편 뒤에는 혼자서도 잘해내는 아내가 있다

물론 부부가 함께 오랜 시간 살다 보면 마냥 좋을 수는 없다. 솔직히 남편이 싫으면 한 공간에서 함께 숨 쉬고 있는 것조차 싫을 때도 있다. 하지만 이런 감정은 최대한 빠른 시일 내에 정리해야지 그렇지 않으면 가정 전체가 흔들릴 수 있다.

귀가 시간이 늦고, 가사와 육아에 무관심한 남편들을 보면 대개 혼자서도 너무도 씩씩하게 잘하는 아내들이 있다. 아내들은 "남편이 안 도와주니 어쩔 수 없이 혼자서 하는 거 아니냐!"라고 항변을 하겠지만 경험상 이런 아내들은 대체적으로 뭐든 척척 잘해낼 정도로 능력이 탁월하며, 성격이 급해 남에게 시키기보다는 자신이 빨리 해 버리는 게 속이 편하다고 여긴다. 그리고 혼자 소파며 가구를 옮길 정도로 힘도

세다. 남편에게 부탁하는 대신 본인이 알아서 다 하기 때문에 남편들은 집에서 딱히 할 일이 없다.

남자들은 인정받고 싶어 하는 욕구가 워낙 강하다 보니 자신을 필요로 하지 않은 곳에는 헌신하지 않는다. 남편이 가정적인 사람이 되길 원한다면 남편이 '나는 집에서 꼭 필요한 사람이다!'는 인식을 갖게끔 지혜를 발휘해야 한다.

'엄마는 강하다'고 하지만 남편 앞에서는 가끔 삼척(약한 '척', 아픈 '척', 모른 '척')도 할 필요가 있다. 남자들은 내 아내가 아직 나를 필요로 하고 있고, 내가 옆에서 한없이 챙겨줘야 할 사람이라는 생각이 들면 '자상한 오빠' 모드로 돌아가 뭐든 해주고 싶어 한다.

그러면 밖으로 도는 남편을 가정으로 되돌아오게 하려면 어떻게 해야 할까?

첫째 남편에 대한 호칭에 신경 쓴다

남편의 권위를 세워주려면 호칭부터 바꿔야 한다. '야', '너', '○○야', '오빠' 식으로 연애 때 쓰던 호칭을 결혼해서도 계속 사용하는 경우가 있는데 결혼하고 특히 아이가 있는 상태에서 잘못된 호칭을 계속 쓸 경우에는 남편의 권위도 안 서거니와 자녀 교육에도 좋지 않다. 서로 충분히 협의해 각자 듣고 싶은 호칭으로 부르든지 '여보', '자기야', '○○ 아빠' 식으로 존중해줄 수 있는 호칭으로 바꾸는 것이 좋다.

둘째 항상 아빠가 먼저임을 가르친다

과자나 과일 한 조각을 먹더라도 항상 '아빠 먼저', 식사를 하더라도 '아빠가 오시면', 음식 먹을 때 아빠가 없으면 '아빠 것 따로 덜어놓기' 등 일상에서 항상 아빠가 먼저임을 가르친다. 처음 몇 번만 엄마가 신경 쓰면 그다음부터는 아이들이 알아서 아빠를 먼저 챙긴다. 아이가 고사리 같은 손으로 과자를 집어 "아빠가 대장이니까 아빠 먼저!" 하고 가장 먼저 입에 쏙 넣어줬을 때 남편이 느끼는 뿌듯함은 여자들이 상상하는 그 이상이다. 일상 속에서 남편을 배려하는 작은 행동 하나하나가 남편의 귀가 시간을 앞당긴다.

셋째 아이들 앞에서 남편 편을 든다

남편과 아이 사이에 언쟁이 생겼을 때에는 아무리 남편 말이 틀렸다고 생각되더라도 일단은 남편 편을 들어 권위를 세워줘야 한다. 그런 다음 아이들이 없을 때 남편에게 따로 자신의 의견을 피력하는 것이 좋다. 간혹 남편이 아이를 혼낼 때 나서서 아이 편을 들며 남편을 몰아세우는 경우가 있는데 이는 남편을 초라하게 만드는 대표적인 행동이므로 지양한다.

넷째 남편이 할 수 있는 일을 찾아준다

남편 스스로 이 집의 행복을 위해 일조한 사람이라는 자부심을 갖도록 남편이 할 수 있는 일들을 부탁한다. 예를 들면 벽에 못 박기, 무거운 물건 들어올리기, 고장 난 곳 고치기, 잘 안 열리는 병뚜껑 열기 등을 부탁하고 남편이 잘해냈을 때에는 "와~ 잘한다! 자기는 어쩌면 못하는 게 없어? 고마워!" 식으로 폭풍 칭찬을 해준다. 그러면 대부분의 남자들이 "또 뭐 도와줄 거 없어?"라고 먼저 묻게 된다.

다섯째 출근하는 남편 손에 음식물 쓰레기를 쥐여주지 않는다

가정의 평화와 행복을 위해 '가사 분담'은 매우 중요하지만 타이밍에 맞춰 요령 있게 하자. 아침에 양복을 입고 출근하는 남편 손에 음식물 쓰레기를 쥐여주는 건 남편의 하루를 망치는 일이다. 이는 보기에도 안 좋거니와 손에 이물질이라도 묻으면 하루 종일 찝찝하고 기분도 다운된다. 아침에는 가급적 상큼하게 하루를 시작할 수 있게 도와준다.

여섯째 남편의 건강에 신경 쓴다

몸이 아프면 자신감도 떨어지고 만사가 귀찮다. 평소 남편의 건강에 관심을 가지고 잘 챙겨준다. 중년 남성의 건강에서 가장 유의할 부분은 복부 비만이다. 장기 사이에 낀 내장 지방은 해로운 물질을 분비해 자칫 동맥경화나 당뇨, 고혈압, 고지혈증의 원인이 될 수 있으므로 기름진 음식을 줄이고 정기적으로 운동을 하며, 건강 검진을 받을 수 있도록 적극 돕는다.

틈나는 대로 함께 등산을 하거나 산책을 가는 활동도 좋다. 남편의 건강도 챙기면서 부부 사이도 돈독히 할 수 있어 일석이조다.

일곱째 남편의 성장을 돕는다

어리석은 아내는 현재의 경제적 능력으로 남편을 평가하지만 현명한 아내는 남편의 가능성을 믿고 성장시킨다. 예를 들면 남편의 학력이 성장에 방해가 된다면 계속 공부할 수 있도록 독려하고, 남편이 업무에 치이고 잦은 회식으로 자기계발할 시간이 없다면 업무에 도움이 될 만한 내용을 스크랩하거나 책을 읽고 중요 포인트만 따로 정리해주

는 등 할 수 있는 내에서 남편의 성장을 돕기 위해 노력한다. 만약 별도로 뭔가를 해줄 수 있는 여건이 안 된다면 "잘하고 있어.", "당신의 10년 후가 기대돼.", "듬직해.", "멋져." 등 살리는 언어로 남편의 사기를 복돋운다.

> **BONUS**
>
> ## 남편에게 절대 하면 안 되는 9가지 '금지어'
>
> 남자들은 자신을 무시하고, 다른 사람과 비교하며 비아냥거리는 말을 가장 싫어한다. 한국워킹맘연구소에서 기혼 남성 200명을 대상으로 조사한 금지어들을 살펴보자.
>
> ① "당신을 믿을 수가 없어!"
> ② "당신이 그러면 그렇지!"
> ③ "남자가 이것도 못하니? 도대체 제대로 하는 게 뭐야?"
> ④ "이렇게 살 바에는 그냥 헤어지자."
> ⑤ "당신 식구들은 도대체 왜 그래?"
> ⑥ "남자라고 자존심은 있어 가지고!"
> ⑦ "능력 없는 게 뭐 자랑이니?"
> ⑧ "한 게 뭐 있다고 힘들다고 그래? 남자가 부실해가지고는."
> ⑨ "짐승이니? 나 피곤하니까 그만 좀 밝혀."

남편에게 적절한 칭찬과 보상을 해줘라

　남자들이 골프를 좋아하는 이유는 18홀까지 가는 동안 "사장님~ 나이스 샷!" 하는 캐디들의 칭찬을 18번 듣고 오기 때문이라는 우스갯소리가 있다. 그만큼 남자들은 칭찬에 목말라 있다. 하지만 기혼 남성이 칭찬을 듣기란 하늘의 별 따기보다도 어렵다. 집에서는 하는 것마다 아내에게 욕먹고 직장에서 가서는 상사에게 깨지고 무시당하는 일이 다반사이기 때문이다.
　평소 친하게 지내는 지인에게 아내에게 들은 칭찬 중에 가장 기분 좋았던 말은 무엇이냐고 묻자 "칭찬을 받은 기억이 전혀 없다."라고 해서 놀란 적이 있다. 처음에는 농담인 줄 알고 웃고 넘겼는데 알고 보니 진짜로 지인의 아내는 칭찬은커녕 입만 열면 불평불만을 쏟아내기 바쁜 사람이었다. 부부 동반 모임에서 만난 그녀는 남편이 무슨 말만 하면 "이 사람 말 곧이곧대로 듣지 마세요~ 말만 뻔지르르하게 잘해요."라며 맞받아쳤다. 처음에는 이야기를 주도하던 남편도 아내의 계속된 공격에 차츰 입을 다물었다.

남자들은 '폼생폼사'다. 둘이 있을 때 싸울망정 여러 사람 앞에서 남편의 체면을 세워주면 남편도 어깨에 힘이 들어가고 아내에게 더 잘하고 싶은 마음이 들 텐데 공개석상에서 남편을 무시하고 깎아내리다니, 지인의 아내가 참으로 어리석어 보였다.

남편에게 여왕 대접받고 싶거든 남편을 왕처럼 대하라

남자는 여자하기 나름이다. 세상을 지배하는 사람이 남자라고 해도 남자를 지배하는 사람은 여자인 만큼 여자가 어떻게 지혜를 발휘하냐에 따라서 멋진 남편이 될 수도 있고 찌질한 남편이 될 수도 있는 것이다.

강의에 가서 여성들에게 남편을 평소에 칭찬하느냐고 물어봐도 "칭찬할 일이 전혀 없을뿐더러, 칭찬 좀 해주면 자기가 정말 잘난 줄 알고 우쭐해하는 모습이 보기 싫어서 칭찬하지 않는다."라고 말하는 여성들이 많다.

집에서 기 못 펴고 사는 남편은 밖에 나가서도 기 못 펴고 기죽어 산다. 식구들 앞에서 특히 사랑하는 아내 앞에서 우쭐대고 기 좀 펴고 살면 어떤가. 남편을 왕처럼 대해야 나도 왕비 대접을 받을 수 있다. 내 남편이 집에서라도 마음껏 기 좀 펼 수 있도록 지혜로운 아내가 되어 보자. 아내에게 받은 사랑만큼 남편도 '자상함'으로 되돌려줄 것이다.

그렇다면 지혜로운 아내들은 남편의 자존감을 어떻게 세워줄까?

첫째 비난 대신 칭찬해주기

남편이 마음에 들지 않는 말과 행동을 하면 인상부터 쓰게 되고 입에서 말이 곱게 나가지 않는다. 그러다 보니 자꾸 비난이 섞인 잔소리를 하게 되는데 이러한 잔소리하는 습관은 말하는 사람이나 듣는 사람이나 모두 기분만 나빠질 뿐 행동 개선에 전혀 도움이 되지 않는다. 그러므로 남편이 바뀌었으면 하는 행동이 있으면 비난 대신 칭찬을 해줘보자. 예를 들면 남편이 아이와 잘 놀아줬으면 좋겠다고 한다면 "애랑 5분을 제대로 못 놀아주니?"라고 비난하는 대신 "○○이 웃는 것 좀 봐~ 아빠랑 노는 게 재미있나 봐! 예전에는 1분만 함께 있어도 힘들어하더니 많이 좋아졌네, 우리 신랑 멋져!" 하는 것이다. 단 형식적인 칭찬은 안 하느니만 못하다. 말은 표정, 태도 등 비언어적인 요소의 영향을 더 받으므로 말과 행동이 일치되는 진심 어린 칭찬을 해주자.

둘째 안 좋은 사례를 비교하며 치켜세워주기

다른 남편과 비교하며 내 남편을 깎아내리는 것은 부부 사이에 지양해야 하는 대표적인 태도지만 내 남편이 잘하는 행동에 대해서 못하는 사람을 빗대며 말하는 것은 남편의 자존심을 세워주는 좋은 방법이다. 예를 들어 남편이 설거지를 잘 도와준다면 "내 친구 ○○는 남편이 밥만 먹으면 누워서 TV만 보나 봐, 우리 신랑은 설거지 엄청 잘해주는데. 걔는 일까지 하는데 너무 안 됐더라. 나는 우리 신랑이 설거지 다 해준다고 하니까 엄청 부러워하더라고~" 식으로 말이다.

셋째 노력도 함께 인정해주기

해 본 적도 배운 적도 없는 집안일과 육아를 결혼했다고 해서 하루아침에 척척 잘해내는 사람은 없다. 뭐든 손에 익으려면 충분한 시간과 연습이 필요하다. 남편이 하는 모습이 어설프고 답답해 짜증이 나더라도 인내하며 노력하는 면을 칭찬해주자. 옆에서 자꾸 잔소리를 하면 하기 싫어지는 게 사람 마음이다.

넷째 남편의 장점 리스트 업그레이드하기

이 세상에 장점 없는 사람은 없다. 다만 그 장점을 보려는 노력을 안 했기 때문에 장점은 안 보이고 단점만 보이는 것이다. 휴대폰 메모장이나 노트에 남편의 장점을 적고 수시로 업데이트를 해 보자. 가끔은 이 리스트를 남편에게 보내주는 것도 좋다. 남편은 자신의 장점을 보면서 자존감을 회복시키기도 하고 아내에게 중요한 사람임을 느껴 스스로 더 멋진 남자가 되고자 노력한다.

다섯째 터치해주기

남자들이 룸살롱을 가는 이유 중 하나는 바로 이 '터치' 때문이다. 점점 나이가 들수록 아무도 만져주지 않기 때문에 만지고 만져지는 욕구를 충족하기 위해서 룸살롱에 가는 것이다.

부부 사이에 만져지는 것, 이 터치가 사라진 순간 삭막해지고 의사소통 체계는 망가져 버린다. 그러므로 손잡고 팔짱끼고, 안아주고 엉덩이를 토닥거려주고, 머리를 쓰담쓰담해주는 등의 터치를 수시로 해주자.

여섯째 한탄 대신 감탄하기

남편이 어떤 말을 했을 때 "지금 그걸 말이라고 하는 거야? 으이그, 내가 못 살아!" 하며 쏘아붙이는 대신 "이야!", "우와, 어떻게 그런 생각을 했어? 대단한데!" 식으로 감탄을 해준다. 우리의 삶이 재미없고 힘든 이유는 바로 감탄하는 습관이 안 잡혀 있기 때문이다. 남편이 잘한 행동이 있으면 바로바로 치켜세워주고 감탄을 해 보자. 남편을 향해 엄지손가락을 치켜세우고 "오~", "역시!", "와우~" 등의 감탄사를 연발하다 보면 어느새 남편과 아이들도 나를 향해 "역시 당신은 멋진 여자야!", "우와, 우리 엄마 최고!" 등의 감탄사를 하게 될 것이다.

일곱째 남편 월급 날 감사함 전하기

남자들이 가장 허무함을 느낄 때는 자신의 수고를 인정받지 못할 때다. 특히 월급 날이 되면 십 원도 만지지 못하고 아내 통장으로 들어가거나 카드값, 공과금 등이 모두 빠져 나가면서 한 달 동안 죽어라 일한 보람도 제대로 느끼지 못한다. 이런 남편의 마음을 헤아려 월급 날이 되면 "한 달 동안 고생 많았어요, 고마워요."라고 마음을 전하거나 남편이 평소 가지고 싶어 한 물건을 사서 감사함을 담은 카드와 함께 선물해 보자. 아이들에게도 월급 날 아빠에게 감사함을 전하는 인사를 하게 하거나 퍼포먼스를 하게끔 유도하면 비록 주머니는 가벼울지언정 남편의 마음은 그 어느 때보다도 넉넉하고 행복해질 것이다.

아내를 행복하게 만들어주는 남편의 특급 칭찬 노하우

1. "당신은 여전히 사랑스럽고 예뻐!" 외모 칭찬하기
여자들은 남편에게 늘 사랑받길 원한다. 특히 결혼 후 살이 많이 찌는 등 외모에 변화가 있을 때 말을 안 해서 그렇지 '남편이 나를 싫어하면 어떡하지?' 하는 고민을 하게 된다.
이때 "당신은 여전히 예뻐."라는 칭찬을 해주면 여자들은 남편을 위해 더욱 외모에 신경을 쓰고 싶어진다.

2. "당신이 해준 음식이 제일 맛있어." 음식 솜씨 칭찬하기
힘들게 음식을 만들었는데 남편이 아무 말도 안 해주거나 깨작깨작 먹는 모습을 보면 울컥한다. 이왕 먹는 거 만든 사람의 정성과 성의를 생각해서라도 "맛있네.", "상 차리느라 고생했어.", "역시 김치찌개는 당신이 끓인 게 최고야!" 식의 칭찬을 해주자. 맛있게 먹고 설거지까지 해주면 금상첨화다.

3. "당신은 참 좋은 엄마야." 엄마로서의 자질 칭찬하기
여자들은 '내가 과연 아이를 잘 키우고 있는 걸까?', '혹시라도 내가 아이를 망치고 있는 것은 아닐까?' 하는 불안함과 두려움을 가지고 있다. 이때 남편이 "잘하고 있어.", "당신은 좋은 엄마야."라고 말해주면 큰 힘이 된다.

4. "당신 덕분에 일이 잘 되는 것 같아." 수고 칭찬하기

잘되는 부부의 공통점은 항상 '덕분이야'라는 말을 많이 한다는 점이다. 아이들이 잘 크는 것도, 일이 잘 풀리는 것도, 집안이 안정적으로 돌아가는 것도 "당신 덕분이야."라고 칭찬해 주자. 아내는 더욱더 헌신적으로 좋은 아내, 좋은 엄마가 되고자 노력한다.

5. "장모님은 참 지혜로운 분이셔." 친정 식구 칭찬하기

내 부모님을 칭찬하는데 싫어할 여자는 없다. 대화 도중 은근슬쩍 장모님이나 장인어른 등 친정 부모님을 칭찬해 보자. 아내의 입꼬리가 올라가면서 얼굴에 생기가 돌 것이다. 자주 처갓집에 안부 전화를 하고, 아내 몰래 용돈을 드리는 센스 있는 사위라면 아내의 사랑도 특급으로 받을 것이다.

남편의 꿈을 지지하고 키워주어라

    행복한 결혼 생활을 위해서는 여자가 남자를 잘 만나야 할까 남자가 여자를 잘 만나야 할까? 물론 둘 다 서로 잘 만나야 하겠지만 경험상 남자가 여자를 잘 만나는 것이 조금 더 중요한 듯하다. '남자는 여자하기 나름이다!'라는 말까지 있지 않은가. 아내가 어떻게 남편을 내조하냐에 따라 '바보 온달'이 '온달 장군'이 될 수도 있고, '온달 장군'이 '바보 온달'이 될 수도 있다.

    주변을 둘러보면 이런 사람들이 참 많다. 변변치 않았는데 여자 잘 만나서 부와 명성을 얻은 사람도 있고, 촉망받는 기대주였는데 결혼 잘 못해서 인생이 꼬인 사람도 있다. 실제로 친하게 지내는 지인 중에 잘 나가는 억대 연봉자였다가 아내의 빚 보증과 낭비벽으로 신용불량자가 된 사람이 있다. 돈 잃고 건강 잃고, 이혼남이라는 꼬리표까지 달게 된 그는 현재 하루하루 힘겹게 살고 있다.

행복한 부부는 서로의 꿈을 알고 후원한다

많은 부부들을 만나고 상담해 보면 행복한 부부와 불행한 부부 사이에는 두드러진 차이점이 있다. 바로 '꿈'을 대하는 태도다. 행복한 부부는 각자의 꿈에 대해서 알고 있고 서로의 꿈을 지지하고 키워주기 위해 노력한다. 하지만 불행한 부부는 서로의 꿈도 모르거니와 현실에 얽매여 물질적인 행복만을 추구한다. 집, 차, 연봉 등으로 행복의 가치를 정하다 보니 원하는 만큼 충족이 되지 않았을 때 서로에 대한 만족도가 떨어져 자주 부딪히고 싸우게 된다.

아버지학교나 남성들이 많이 보여 있는 곳에 가서 "아내가 내 꿈을 알고 있는가?"라고 물어보면 2/3는 모른다고 답한다. "아내가 내 꿈을 알면 지지하고 응원해줄 것 같은가?"라는 물음에 대부분 "아니오."라고 답한다.

상담 메일을 보낸 한 젊은 아빠 역시 이와 같은 고민을 토로했다. 미래에 대한 대비로 대학원 진학을 준비했으나 아내가 심하게 반대한다는 것이다. 대학원 학비가 많이 들고, 아이들이 어려서 혼자 육아하기가 힘들다는 것이 주된 이유였다.

물론 남편의 월급으로만 생활하는 아내 입장에서는 갑작스러운 목돈 지출이 부담스러울 수 있고 아이를 키우느라 자신은 모든 것을 포기하고 사는데 혼자만 성장하려는 남편에 대한 불만과 억울함이 있을 수 있다. 이런 아내의 마음을 이해하지 못하는 것은 아니지만 지혜를 가지고 좀 더 멀리, 깊게 내다볼 필요가 있다. 만약 남편이 승진에서 떨어지고 후배들에게 치여 회사를 그만두게 된다면 지금 생활비가 쪼들리는 상황은 아무것도 아니기 때문이다.

이 세상에 공짜는 없다. 남편이 사회 초년생 때 배운 것을 가지고 지금까지 써먹었으면 이제는 새로운 것을 채워 넣을 시점이 왔다. 경쟁력이 없으면 미래에 대한 보장도 없다.

어리석은 아내는 남편의 월급이 적다고 타박을 하지만 현명한 아내는 남편 10년 후를 기대하며 열심히 투자해 성장시킨다.

자, 현재 나는 어떤 아내인가? 어리석은 아내인가 현명한 아내인가? 지금도 늦지 않았다. 당장 눈앞의 현실에만 급급해하지 말고 미래를 내다보고 남편을 키워주는 내조의 여왕이 되어보자. 남편의 꿈을 지원하는 현명한 아내가 되려면 어떻게 해야 할까?

첫째 자신의 꿈을 소중히 여기자

꿈이 없는 아내는 남편의 꿈도 키워줄 수 없다. 먼저 자신의 꿈이 무엇인지, 무엇을 하고 싶은지를 파악하고 꿈이 그저 막연한 꿈이 아닌 현실이 될 수 있도록 노력해 보자. 꿈이 있는 사람은 하루하루 삶을 사는 자세가 다르다. 아내가 꿈을 이루기 위해 열심히 노력하는 모습은 아이와 남편에게도 좋은 자극제가 된다. "꿈을 가져라."라고 말만 하는 엄마를 보고 자란 아이보다는 엄마가 꿈을 하나씩 이루는 모습을 보고 자란 아이가 자신의 꿈도 이룰 가능성이 더 크다.

둘째 남편의 꿈에 관심을 갖자

아이의 꿈만 신경 쓰지 말고 남편이 가슴속에 고이 간직하고 있는 '꿈'에 관심을 갖자. 남편이 간절히 원하는 것이 무엇인지, 뭘 하고 싶은지, 어떤 사람이 되고 싶은지에 대해서 이야기를 나누어보자. 이때 남편이 하는 말을 비웃거나 비난하는 행동은 금물이다. 설령 허황된 꿈이라는 생각이 들더라도 남편의 이야기를 진지하게 들어주고 진심으로 응원해주자. 꿈이 현실이 되어 말도 안 되는 호사를 누리고 살게 될지는 아무도 모르는 일이다.

셋째 남편에게 너무 인색하게 굴지 말자

남편의 월급을 관리하면서 최소한의 용돈만 주는 집들이 많다. 알뜰히 살림하는 것은 좋으나 남편이 쓰는 돈에 너무 인색하게 굴면 남편은 밖에서 기죽어 지낸다. 돈이 있어야 사람들도 자신 있게 만나고 큰 소리도 칠 수 있는 게 남자다. 아낄 때 아끼더라도 남편이 사고 싶어 하는 것은 사주거나 남편이 중요한 모임에 참석할 때에는 계산하라고 지갑을 두둑이 채워 넣는 등 센스를 발휘하자.

넷째 남편을 객관적으로 바라보자

남편에 대해 주기적으로 뭐가 강점이고 약점인지, 지금 상황에서 무엇을 채워 넣어야 할지에 대해서 SWOT 분석을 한다. 부족한 부분에 대해서는 무엇을 어떻게 채울 건지에 대해 단계별로 실행 계획을 짜본다. 예를 들면 남편이 술을 마시지 않아 비즈니스 네트워크가 부족하다면 골프를 배우게끔 유도한다거나 영어가 부족해 승진하는 데 어려움이 있다면 영어 학원을 다니게 하는 것도 좋은 방법이다.

다섯째 누구나 탐내는 멋진 남자로 만들자

요즘은 외모가 경쟁력이다. 실제로 뚱뚱하고 못생긴 사람보다 군살 없고 젠틀한 사람의 연봉이 훨씬 높다. 이제는 남편을 배불뚝이 아저씨가 아닌 멋진 오빠로 만들기 위해 함께 운동하고 음식 조절을 하는 것은 물론 피부와 의상 등에 꼼꼼하게 신경을 쓰는 등 적극적으로 나서보자. 남편도 변화된 자신의 모습에 자신감을 얻으며 적극적이고 능동적인 사람으로 바뀌어 있을 것이다.

여섯째 남편 꿈의 후원자가 되자

사람은 죽을 때까지 공부해야 된다는 말이 있다. 그만큼 살아가기 위해서는 알아야 할 것도 배워야 할 것도 많다. 남편이 매일매일 성장할 수 있도록 아낌없이 지원해주자. 그래야 나중에 남편도 아내의 꿈을 열렬히 지지해줄 수 있다. 만약 남편이 사업을 하겠다고 한다면 무조건 반대만 할 게 아니라 남편이 체계적으로 사업 준비를 할 수 있도록 도와준다.

모든 남자들은 '사장님' 소리에 대한 로망이 있어 자신의 사업을 하고 싶어 한다. 언젠가 할 거라면 한 살이라도 젊을 때 하는 게 낫다. 혹시 망하더라도 빨리 다시 일어설 수 있기 때문이다.

일곱째 남편 기 살려주기

살다 보면 힘들 때도 있고, 기운 빠질 때도 있다. 그럴 때 기댈 수 있는 누군가가 있다면 쉽게 포기하거나 끈을 놓아 버리지 않는다. 남편이 자신의 꿈을 향해 잘 전진할 수 있도록 말과 표정, 행동 등으로 남편을 지지하고 응원한다. 남편에게 '당신은 잘될 것이다!'라는 메시지와 함께 항상 '나는 당신 편'이라는 믿음을 심어주다 보면 10년 후 서로 "고생했다, 고맙다."라고 말하며 토닥토닥할 수 있을 것이다.

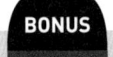

남편을 성공시킨 내조의 여왕

추신수 아내 하원미 씨

미국에 사는 한국인 부부가 있었다. 남편은 26살로 야구 선수이다. 재능은 있지만 아직 군대를 다녀오지 않은 상태이고 팔꿈치 수술을 받는 등 상황이 좋지 않았다. 게다가 아이를 포함해 네 식구가 100만 원 남짓한 월급으로 생활해야 해서 하루하루 사는 게 너무 힘들었다. 결국 가족의 고통을 두고 볼 수 없었던 남편은 아내에게 말한다.
"한국으로 돌아가자. 이젠 더 이상 버티기 힘들 것 같아." 그러자 아내는 단호한 얼굴로 말했다. "나랑 애들 신경 쓰지 말고 여기서 당신 할 거 하세요. 당신의 꿈을 이루기 위해 여기 왔잖아요? 당신에게 방해된다면 우리는 한국에 갈 테니 당신은 꿈을 포기하지 말아요!"

PART 04

아빠가 만드는 가족의 자존감

가족의 꿈을 공유하라

누군가가 "당신의 꿈은 무엇입니까?"라고 물었을 때 자신 있게 바로 대답할 수 있다면 현재 잘 살고 있는 것이다. 하루하루를 어떻게 보내느냐에 따라 꿈에 한 발짝 다가갈 수도 멀어질 수도 있다는 사실을 알기에 오늘 하루 최선을 다해서 살기 때문이다.

엄마, 아빠가 열정을 다해 하루를 사는 모습을 보여주는 것만큼 아이들에게 큰 선물은 없다. 하지만 선뜻 대답하지 못하거나 "내 꿈이 뭐였더라…" 하며 기억이 가물가물하다면 반드시 지금 이 순간 '내 꿈'에 대해 진지하게 생각해 봐야 한다. 내 꿈을 찾지 못하고서는 아이의 꿈도 찾아줄 수 없을 뿐만 아니라 가족 모두의 꿈도 이룰 수 없다.

누군가는 말한다. "먹고 살기도 힘든데 꿈을 꾸라는 건 배부른 소리이다."고 말이다. 하지만 꿈이 있어야 힘든 현실을 버틸 수 있는 힘이 생긴다. 실패에 대한 두려움, 안 될 것이라는 불안감을 버리고 지금부터 나의 꿈을 찾아보자. 꿈이 아무리 허황될지라도 생생하게 꿈을 꾸고, 이루기 위해 실행하는 자에게는 '현실'이 될 수 있다. 하지만 내가 꿈을 포기한 순간 내 아이도 꿈을 포기하게 될 것이다.

부모의 꿈이 아이를 변화시킨다

《엄마의 꿈이 아이의 인생을 결정한다》의 저자 김윤경 씨는 워킹맘으로 정신없이 바쁘게 살던 때에 딸아이가 던진 "엄마는 꿈이 뭐였어요?"라는 질문에 큰 충격을 받았다고 한다. 그동안 꿈도 인생의 방향도 없이 그저 열심히만 살아왔던 자신을 발견했기 때문이다. 아이의 눈에도 엄마가 하루하루 전투적으로 사는 모습이 그리 행복해 보이지 않았나 보다. '엄마도 예전에는 꿈이 있었을 텐데 왜 이렇게 사는 걸까?'에 대한 의문은 꿈이 뭐였냐는 질문을 하게 했고 김 씨는 그때부터 자신의 꿈 찾기에 나서 '미래혁신 창업재단장'이라는 꿈을 찾기에 이르렀다. 꿈을 소망하고 꿈을 찾는 과정에서 놀라운 변화는 아이들이 달라지기 시작했다는 것이다. 엄마에게서 일어나는 변화를 아이들이 그대로 흡수하기 시작하면서 아이들도 자신의 꿈 계획을 세우고, 눈에 보이는 곳에 꿈 실행표를 붙여놓기 시작한 것이다. 꿈이 아이들에게 동기부여를 해주면서 엉망이었던 성적이 눈에 띄게 좋아지고, 꿈이라는 공통 화제로 인해 아이들과 관계가 매우 좋아졌다고 말한다.

그만큼 부모의 꿈 찾기는 아이의 미래에 엄청난 영향을 미친다. 만약 아이에게 공부하라는 잔소리가 통하지 않거나 하루하루 무기력한 아이의 모습에 답답함을 느낀다면 부모가 먼저 자신의 꿈 찾기에 나선 후 아이의 꿈 찾기도 적극적으로 도와줘보자. '꿈'이라는 공통된 주제는 흩어진 가족을 다시 모이게 할 뿐만 아니라 아이들에게 하루하루 열심히 살아야 하는 이유를 스스로 찾게 이끌 것이다. 그렇다면 가족이 함께 꿈을 꾸고 꿈을 공유하려면 어떻게 해야 할까?

첫째 꿈에 대한 질문이 과거형이 아닌 현재형이 되게 하기

아이들에게는 "꿈을 가져야 한다.", "꿈을 키우기 위해 노력해야 한다."라고 하면서 정작 부모는 하루하루 생계에 쫓겨 꿈과 거리가 먼 삶을 산다면 아이들은 자신의 꿈과 미래에 대한 확신을 가지지 못한다. "엄마랑 아빠는 꿈이 뭐였어요?"라는 과거형 질문에 어떤 답을 할 것인가. 그러므로 부모가 먼저 자신의 꿈을 계획하고 꿈을 이루기 위해 노력하는 본보기가 되어야 한다. 꿈을 만났을 때 느껴지는 희열과 환희를 경험해 보지 않은 사람은 뜨거운 가슴으로 아이의 마음을 움직일 수 없다. 부모가 꿈을 꿔야 아이도 꿈꾸는 아이로 자란다.

둘째 서로의 꿈이 구체화되고 있는 과정 공유하기

매일 서로의 꿈을 성장시키기 위해 어떤 노력을 하고 있고 어느 정도 진행되고 있는지 등 함께 이야기하는 시간을 갖는다. 각자의 꿈에

대한 성장 스토리는 다른 가족들에게 자극을 주며 "한 번 해 보자!"라는 자신감을 고취시킨다. 또한 꿈에 대해 함께 이야기하는 시간을 통해 가족은 더욱더 끈끈해지며 대화와 칭찬과 사랑이 넘치는 가정으로 바뀌어간다.

셋째 긍정적인 에너지 만들기

나의 잠재 능력을 깨우려면 "나는 안 돼!", "내가 되겠어?" 등의 부정적인 생각 대신 "해 보자! 나는 할 수 있어!"라는 생각으로 매일매일 긍정적인 에너지를 만들어가야 한다. 어떤 상황이라도 나의 의지에 따라 얼마든지 바뀔 수 있다.

부정적인 생각이 들어오려고 하면 빨리 긍정의 에너지로 바꾸는 연습을 해 보자. "안 돼!"를 "할 수 있어!"로 "실패하면 어떻게 하지?"를 "실패도 다 경험이야. 자신 있게 도전해 보자!"로 생각을 바꾸면 몸의 기운도 성공의 에너지로 바뀐다. 내 삶이 부정적인 생각과 에너지에 좌지우지되도록 내버려 두지 말자. 내 인생은 내 의지대로 얼마든지 컨트롤할 수 있음을 기억해야 한다.

넷째 꿈 찾기 모임, 꿈 세미나 등에 함께 참석하기

가족이 함께 꿈 관련 모임이나 세미나 등에 참석해 보자. 다른 사람들의 이야기를 통해 내 꿈을 점검해 볼 수 있고 이미 꿈 이루기에 성공한 선배들의 노하우를 들으며 내 꿈도 한 단계 성장시킬 수 있다. 또한 세미나 이후 서로 참석 후기에 대해 이야기를 나눔으로써 친밀도도 쌓을 수 있어서 매우 좋다.

다섯째 꿈을 이뤘을 때 느낄 짜릿한 쾌감을 미리 경험해 보기

고기도 먹어본 사람이 먹고, 최고급 휴양지에 가본 사람만이 그 느낌과 행복감을 알고 다시 찾는다. 꿈을 이뤄 원하는 바를 손에 넣었을 때 어떤 느낌일지 직접 느껴볼 수 있는 기회를 갖는 경험은 매우 중요하다. 예를 들면 돈을 많이 벌고 싶은 남편과 함께 고급 브랜드 자동차 매장에 가서 시승을 하거나 가수가 되고 싶은 아이를 위해 무대 위에 서는 기회를 만들어주는 것이다.

여섯째 이미 이루어진 모습을 생생하게 꿈꾸기

이루고 싶은 꿈을 이뤘을 때 느껴지는 짜릿한 감동과 희열, 주변 사람들의 찬사, 스스로에 대한 뿌듯함, 언론에 소개된 자신의 모습 등 원하는 장면을 구체적이고 생생하게 상상한다.

꿈이 이루어진 순간을 잠재의식 속에 계속 집어 넣으면 각인이 된다. 이렇게 구체적인 상상은 꿈을 현실로 만들어준다. 형이상학자 네빌 고다드는 그의 저서 《네빌 고다드의 부활》에서 "이미 이루어진 것처럼 느껴라. 여러분 자신이 현재 어떠하다고 느끼면 그 상태 그대로 받는다. 그러니 소원한 것을 이미 가졌으면 느꼈을 법한 감정을 느껴라. 그러면 당신의 소원은 반드시 실현된다. 되고자 하는 사람이 되었다는 느낌 속에서 살면 그렇게 될 것이다."라고 말했다.

일곱째 표정과 눈빛 관리하기

성공한 사람들은 표정과 눈빛부터 다르다. 표정과 눈빛이 살아 있을 뿐만 아니라 희로애락을 솔직하게 표현함으로써 다양한 표정을 가지고 있다. 이러한 이미지는 상대방에게 신뢰감과 당당함을 전달해준다. 닮고 싶은 롤 모델이 있으면 그 사람의 표정과 눈빛을 유심히 보고 따라해 보자. 처음에는 어색하겠지만 계속 하다 보면 어느새 자연스럽게 자신의 모습이 되어 있을 것이다.

BONUS

집안 곳곳 붙여두면 좋을 만한 '꿈'에 관한 명언 15

① 오랫동안 꿈을 그리는 사람은 마침내 그 꿈을 닮아간다. _앙드레 말로
② 승자의 주머니 속에는 꿈이 있고, 패자의 주머니 속에는 욕심이 있다. _《탈무드》
③ 목표를 이루기 위해서는 실제로 목표에 다다르기에 앞서 그것을 이뤄내는 당신의 모습을 스스로 그려보아야 한다. _지그 지글러
④ 꿈을 계속 간직하고 있으면 반드시 실현할 때가 온다. _괴테
⑤ 꿈이 실현되지 않는 원인은 그 바람이 비현실적이기 때문이 아니라, 바람을 실현하고자 하는 의지와 노력이 부족했기 때문이다. _다케우치 히토시
⑥ 그대의 꿈이 한 번도 실현되지 않았다고 해서 가엾게 생각해서는 안 된다. 정말 가엾은 것은 한 번도 꿈을 꿔보지 않았던 사람들이다. _에센바흐

⑦ 성취하려면 행동뿐만 아니라 꿈을 꾸어야 하며, 계획을 세울 뿐만 아니라 그것을 믿어야 한다. _아나톨
⑧ 오늘 하는 일들이 쌓이고 쌓여 미래에 영향을 미치는 법이다. _알렉산드라 스토다드
⑨ 인생은 언제나 스스로 부딪혀 경험하고 도전하는 사람에게 더 큰 영광을 안겨준다.(스스로 알을 깨면 한 마리의 병아리가 되지만 남이 깨주면 계란 프라이가 된다) _J.허슬러
⑩ 당신이 할 수 있다고 생각하면 할 수 있고, 할 수 없다고 생각하면 할 수 없다. _헨리 포드
⑪ 하늘은 시련과 행운을 반드시 같이 준다. 시련에 오래도록 아파하고 있다면 행운의 포장을 아직 뜯지 못했을 뿐이다. _박찬호
⑫ 일찍 책장을 덮지 말라. 삶의 다음 페이지에서 또 다른 멋진 나를 발견할 테니. _시드니 셀던
⑬ 누구나 마음속에 생각의 보석을 지니고 있다. 다만 캐내지 않아 잠들어 있을 뿐이다. _이어령
⑭ 큰 꿈을 가져라. 너의 행동을 낮게 하고, 너의 희망을 높게 하라. _조지 허버트
⑮ 내가 꿈을 이루면 난 다시 누군가의 꿈이 된다. _이도준

우리 집만의 소통 문화를 만들어라

서로 대화가 안 되는 상황처럼 답답한 것도 없다. 나는 "아프다."라고 말하는데 상대방은 자꾸 "밥 먹어."라고 말한다면 속이 터져 제 명에 못 산다. 그래서 《동의보감》에서는 '통(通)하지 않으면 통(痛)이 온다'라고 했다. 서로 소통이 안 되면 고통이 따르는 법이니 말이다.

가정에서도 마찬가지다. 부부 간에, 부모와 자식 간에 제대로 대화가 안 되면 고통, 심통, 울화통이 터진다. 대체로 이런 집안의 분위기는 딱딱하고, 짜증과 고성이 오가며 서로에 대한 불신이 가득하다. 제대로 소통이 안 되니 하고 싶은 말들이 고이고 썩어 오해와 비난으로 흘러 나오기 때문이다. 가족 간에 소통이 안 된다는 말은 이미 가족의 기능을 상실했다는 말이나 마찬가지다.

TV, 스마트폰, 컴퓨터 사용으로 가족 간 대화 단절 심화

여성가족부 조사 결과에 따르면 초등학생을 비롯한 중·고등학생 10명 중 8명은 하루 평균 가족과의 대화 시간이 30분이 채 되지 않는다고 한다. 부부 역시 마찬가지다. 인구보건복지협회 조사 결과 3쌍의 부부 중 1쌍은 하루 10분도 함께 대화를 나누지 않는다고 한다. 각자 생활이 바쁜 것도 있지만 TV나 스마트폰, 컴퓨터의 사용이 늘면서 심각한 대화 단절 현상이 발생되고 있는 것이다.

필자가 아는 부부도 같은 방 한 침대에 누워 서로 카카오톡으로 대화를 나눈다고 한다. 눈을 마주 보고 대화를 나누는 것보다 이렇게 온라인상에서 대화를 하는 게 더 좋단다. 가족이 함께 차를 타고 이동하거나 식당에 밥을 먹으러 가도 각자 스마트폰만 들여다보느라 살갑게 대화를 나누지 않는다. 아이가 어리면 어린 대로 스마트폰을 통해 만화 영화를 본다고 정신없고 크면 큰 대로 게임이나 SNS상에서 친구들과 대화하느라 가족들은 안중에도 없다.

가족을 뜻하는 영어 단어 'family'를 풀어보면 'father and mother, I love you'라고 한다. 가족이 눈을 마주 보고 살갑게 대화를 나눠야 아이들 입에서 "엄마, 아빠 사랑해요."가 나오고 엄마와 아빠도 "내 아들, 딸이 되어줘서 고맙다."라는 소리가 나올 텐데 각자 딴 곳을 보고 딴 소리만 하고 있으니 자신의 마음을 알아주지 않은 상대방에게 원망만 쌓이게 된다.

'네가 먼저'가 아닌 '내가 먼저' 달라지기 위해 노력하자

많은 부부들이 "저 사람하고 얘기하면 말이 안 통한다."고 말한다. 자식들도 마찬가지다. "우리 부모님하고는 도무지 말이 안 통한다."면서 고개를 절래절래 흔든다.

문제는 서로 안 통한다고만 말할 뿐 그 누구도 막힌 부분을 뚫어 통하게끔 노력하지 않는다는 것이다. 그러면 자연히 막힌 부분은 쌓이고 쌓여 불통이 더 심해질 수밖에 없다. '네가 먼저 짜증 안 부리면', '네가 먼저 살갑게 다가오면', '네가 먼저 나한테 잘하면' 노력해 보겠다는 태도로는 절대 행복한 가정을 만들 수 없다. "내가 변하기 위해 노력해 보겠다!"라는 자세로 먼저 다가가야 한다.

그렇다면, 소통이 잘 되는 가정을 만들기 위해선 어떤 노력들을 해야 될까?

첫째 정기적인 가족 회의 시간 만들기

일주일에 한 번 정기적으로 가족이 모두 모이는 날을 정해 가족 회의를 진행한다. 가족 회의라고 해서 거창하지 않아도 된다. 각자 모여 한 주간 어떻게 지냈는지에 대해서 이야기를 나누고 하고 싶은 말, 요청 사항 등을 허심탄회하게 나누는 자리로 만들면 된다. 이때 아빠나 엄마가 강압적이고 지시적으로 회의를 이끌지 말고 자유롭게 의견을 나누되 규칙을 정해 모두 이 규칙에 따르게끔 유도한다. 만약 가족 회의 시간이 자리 잡혔다면 가족 신문 만들기, 가훈 정하기, 여행 계획 세우기 등 미션을 정해 함께 하는 것도 좋다.

둘째 가족끼리 있을 때는 스마트폰 내려놓기

나는 대화하고 싶은데 상대방이 다른 곳을 쳐다보고 있거나 이어폰을 꽂고 있으면 말문이 턱 하고 막혀 버린다. 스마트폰을 손에서 놓지 못한다면 함께 식사할 때나 대화할 때만큼은 한 곳에 놓고 오자는 식의 약속을 미리 정해놓은 것이 좋다. 한 공간에서 누구는 얘기하고 누구는 게임 등 딴 짓을 하고 있다면 소통이 될 리 없다. 소통을 원한다면 제일 먼저 소통을 방해하는 요소부터 제거해야 한다.

셋째 지적과 비난보다는 칭찬과 격려 많이 해주기

다른 사람들에게는 칭찬과 격려를 잘해주면서도 유독 가족한테는 인색한 경우가 많다. '더 잘됐으면 하는 마음'으로 "너는 그게 문제야!" 하며 지적을 하고 '속상한 마음'에 "네가 그러면 그렇지!"라고 비난을 한다. 하지만 지적과 비난으로는 배우자 그리고 아이들을 절대 성장시키지 못한다. 그러므로 가급적 지적과 비난을 줄이고 칭찬과 격려의 양을 늘려보자.

넷째 스킨십 많이 하기

점점 대화뿐만 아니라 스킨십할 일이 없어진다. 스킨십은 가족끼리 끈끈한 유대감과 친밀감을 형성해주는 매우 중요한 요소이다. 부부끼리 자주 손을 잡고, 껴안는 모습을 많이 보여주면 아이들도 부모와의 스킨십에 대한 거부 반응이 없다. 그러므로 서로서로 자주 안아주고 자주 머리를 쓰다듬어주고, 엉덩이를 토닥여주자. 따뜻한 가족의 손길은 서로의 존재를 인정하고 더 멋진 사람으로 만드는 데 큰 디딤돌이 될 것이다.

다섯째 상대방의 언어로 대화하기

아무리 좋은 말이고 상대방에게 필요한 말이라고 할지라도 일방적인 자신의 언어로만 말을 하면 상대방은 알아듣지 못한다. 상대방이 원하는 언어가 '사랑'인지 '인정'인지 '스킨십'인지, '칭찬'인지에 따라서 소통의 진행 유무가 결정이 된다. 그러므로 평소 '배우자나 아이가 어떻게 해줬을 때 가장 기분이 좋고 행복한지'를 잘 생각해 두었다가 가족 모임 때 서로 이야기를 나누며 각자의 언어를 이해하기 위해 노력한다.

여섯째 서로 집착하지 않기

배우자든 자식이든 자신의 소유물로 생각하는 순간 집착을 하게 된다. 집착은 곧 불행의 시작이다. 자존심이 세고 자존감은 약할수록 배우자나 자식에게 집착하는 경향이 있으므로 만약 본인이 하는 행동을 가족들이 부담스러워한다면 스스로가 '집착' 증세를 보이는 건 아닌지 생각해 볼 필요가 있다. 가족끼리도 지나치게 욕심을 부리다 보면 불통으로 큰 고통을 겪을 수 있다.

일곱째 가족 소통 도구 만들기

아이가 친구들이나 가까운 지인들과 카카오톡을 비롯한 SNS로 소통을 많이 한다면 무조건 못하게 할 것이 아니라 아이가 좋아하는 도구 예를 들면 그룹 채팅을 만들거나, 밴드를 만들어 가족끼리 소통 창구로 활용하는 방식도 좋다. 만약 아이가 아직 어리다면 가족 그림 일기 쓰기 등을 활용하는 것도 좋은 방법이다.

아이의 자존감을 살리면서 소통 잘하는 칭찬과 훈육법

1. 칭찬하는 방법
- 아이는 무조건 사랑하되, 칭찬은 조건적으로 한다.
- 칭찬 중독에 걸린 아이들은 오히려 주체성과 자신감이 떨어질 수 있으므로 주의한다.
- 많이 하는 칭찬이지만 아이에게는 좋지 않은 칭찬 3가지 "잘했네~", "역시 우리 딸이 최고야.", "아이, 착해!"를 삼간다.

2. 칭찬 잘하는 요령
- 구체적으로 칭찬한다.
  ex) "우리 딸 착하네." (x) → "동생이랑 안 싸우고 사이좋게 노니까 아빠는 기분이 좋네."
- '천재', '최고', '완벽'이라는 단어는 피한다.
  ex) "넌 역시 최고야!" (x) → "포기하지 않고 끝까지 노력하더니 결국 해냈구나. 아빠는 항상 너를 믿어!"
- 결과가 아닌 과정을 칭찬한다.
  ex) "달리기에서 1등을 하다니 대단하네." (x) → "그동안 밥 많이 먹고 운동을 열심히 하더니 좋은 결과가 나왔네, 고생했어."

3. 훈육하는 방법
- 아이가 문제 행동을 보일 때 "안 돼!", "하지 마!", "울지 마!" 등의 부정 화법을 긍정 화법으로 바꿔 말한다.
ex) "밥 안 먹으면 놀이동산에 안 데려갈 거야!"(부정 화법) → "밥 다 먹으면 놀이동산에 갈 수 있어!"(긍정 화법)
- 아이의 친구 앞이나 사람이 많은 곳에서는 아이를 혼내지 않는다.
- 아무리 화가 나더라도 비난("내가 너 그럴 줄 알았다. 너는 도대체 왜 맨날 사고만 치니?"), 비교("동생 좀 봐라. 형으로서 부끄럽지도 않니?") 등은 하지 않는다.

4. 따라 하면 좋을 만한 긍정 화법
- "동생이랑 싸우지 마!" → "동생이랑 사이좋게 말로 이야기하렴."
- "길에서 뛰지 마!" → "아빠랑 손잡고 천천히 걷자."
- "욕하지 마!" → "예쁘게 말하자."
- "울지 마!" → "무엇 때문에 속상한지 말해줄래?"
- "소리 지르지 마!" → (목소리를 낮추고) "조용히 말해줄래?"
- "안 돼, 먹지 마!" → "밥 먹고 이야기하자."
- "던지지 마!" → "말로 이야기하자."
- "짜증 부리지 마!" → "예쁘게 이야기해줄래?"
- "TV 가까이에서 보지 마!" → "엉덩이 세 번만 뒤로 밀고 나서 TV 볼까?"
- "만지지 마!" → "깨질 수 있으니까 눈으로만 볼까?"
- "돌아다니면서 먹지 마!" → "예쁘게 앉아서 먹자."

부부가 서로 대화하고 스킨십하는 모습을 보여라

부부 사이의 애정도를 테스트해 볼 수 있는 가장 간단한 방법은 서로 눈을 바라보게 하는 것이다. '눈은 마음의 창이다'라는 말이 있듯이 눈은 부부의 마음을 대변한다.

평소 사이가 좋은 부부는 서로의 눈을 바라보는 것이 지극이 자연스러우며 눈으로 많은 대화를 나누지만 그렇지 않은 부부는 서로 눈을 바라보지 못하고 이내 한 명이 고개를 돌려 버리거나 다른 곳을 바라본다. 마음이 열리지 않은 상태에서 눈을 바라보는 것은 곤혹스러운 일이기 때문이다.

하지만 부부 사이에 '서로 마주 보기'가 안 되면 관계는 틀어지고 만다. 그만큼 마주 본다는 것은 부부 사이에 가장 기본적이고 근본적인 행위이다.

'마주 보기'는 부부 사이의 단단한 벽을 허문다

필자는 부부 동반 강의 때마다 서로 눈을 마주 보게 함으로써 애정도를 테스트해 보는데 결과는 강의실로 들어올 때의 그들의 태도와 일치한다.

사이가 좋은 부부는 스킨십이 자연스럽다. 강의실에 입장할 때에도 손을 잡거나 팔짱을 끼며 끊임없이 대화를 나누고 연신 미소를 짓는다. 하지만 사이가 좋지 않은 부부는 대개 떨어져서 오며 자리에 앉을 때에도 거리를 둔다. 서로 굳게 입을 다문 채 다른 곳만 쳐다보고 있다. 둘 사이에 찬바람이 쌩쌩 불어 말 붙이기도 무서울 정도다.

후자 쪽 부부를 만날 때마다 무대에 한 쌍을 초대해 눈을 마주 보게 하는데 무조건 1분 이상 버텨야 한다는 강제 원칙을 정한다. 그러면 처음에는 어색해하고 당황해 어쩔 줄을 모르지만 점차 시간이 가면서 안정을 찾아가고 아내들은 이내 눈물을 흘린다. 아내의 눈물을 본 남편들도 눈동자가 흔들린다. 그런 다음 포옹을 시키는데 서로의 다친 마음을 치유하는 데 포옹만큼 좋은 것도 없다. 부부는 어색하고 힘든 이 과정을 통해 둘 사이의 단단한 벽을 점차 허물어가게 된다.

부부 사이에 애정은 있지만 어떻게 해야 할지 모르거나 배우자에게 받은 상처가 너무 커서 다가갈 용기가 나지 않는다면 이처럼 외부의 힘을 빌려 부부 사이의 정서적 거리를 좁히는 노력도 필요하다.

내 아이 영재로 키우고 싶다면 부부 관계부터 리모델링하라

부부 사이에 소통이 잘 되어야 하는 이유는 부부의 행복한 결혼생활을 위해서이기도 하지만 아이의 정서, 지능, 학습에 직접적인 영향이 있기 때문이다. 사랑이 넘치고 따뜻한 부모 밑에서 자란 아이들은 절대 어긋나지 않을뿐더러 정서가 안정되어 공부도 잘한다.

탤런트 정은표 씨의 두 아이 지웅이와 하은이는 각각 IQ가 164, 140으로 영재 판정을 받았다. 정은표 씨와 부인 김하얀 씨는 아이들의 영재성을 키우기 위해 특별히 뭔가를 한 적은 없지만 단란한 가정을 만들기 위해서 늘 최선을 다했다고 말한다. 특히 좋은 부부 관계를 위해 노력했다고 한다. 부부가 행복해야 아이들도 행복하다는 믿음으로 항상 부부가 먼저 행복할 방법들을 고민하고, 배우자를 최우선으로 생각하며, 스스럼없이 애정 표현을 했단다. 엄마의 적극적인 스킨십과 애정 공세를 보며 경쟁하듯이 아이들도 아빠에게 사랑을 전하려 하고 아빠도 자연스럽게 사랑을 표현하는 과정을 통해 아이들은 자신감과 자존감이 높은 아이로 자라게 됐다고 한다.

집도 오래 되면 리모델링이 필요하듯 부부 관계도 마찬가지로 주기적으로 리모델링이 필요하다. 부부 관계에 있어 리모델링을 잘하는 방법에 대해서 알아보자.

첫째 서로를 존중한다

소설가 이윤기 씨의 수필 《결혼은 미친 짓이 아니다》를 보면 "나는 아들 앞에서 아내를 헐하게 대하지 않으려고 무진 노력한다. 내가 아내를 헐하게 대하면 내 아들이, 아내란 원래 저렇게 대해도 되는 것이구나 하고 생각할 것이기 때문이다. 나는 딸 앞에서 아내를 헐하게 대하지 않으려고 무진 노력한다. 내가 아내를 헐하게 대하면 내 딸이, 아내란 원래 저런 대접을 받아도 괜찮은 모양이구나 이렇게 생각할 것이기 때문이다."라는 구절이 나온다. 서로를 존중하는 모습은 그 자체로 자녀들에게 좋은 교육이 되며 결혼생활에 대한 방향을 제시해준다.

둘째 부부만의 시간을 보낸다

함께 많은 시간을 보내고 대화를 나눈 부부는 애정도 깊고 유대감도 커지기 마련이다. 가급적 날을 정해 이날만큼은 오롯이 둘만의 데이트 시간으로 잡아보는 것이 좋다. 함께 영화를 보고 맛있는 음식을 먹으며, 손을 잡고 산책을 하면 연애 때의 감정이 살아나면서 배우자가 달리 보이기도 한다. 만약 아이가 어리다면 주변의 도움을 받아 이날만큼은 아이를 맡기는 것이 좋다. 아이에게서 잠시나마 해방이 되면 아내도 엄마에서 '여자'가 될 수 있다.

셋째 역지사지의 마음을 키운다

싸움을 자주 하는 부부가 가장 많이 갖고 있는 감정은 억울함이다. 배우자보다 더 많이 희생하고 애쓰는데 이러한 공을 몰라줄 때 억울하고 화나고 속상하다. 하지만 누가 더 힘든지를 놓고 싸우는 건 부부 간에 에너지만 낭비될 뿐이다. 서로가 상대방의 입장이 되어 얼마나 힘든지 이해하려고 노력해야 한다. 가장으로서 생계를 책임지기 위해 애쓰는 남편, 아이 돌보랴 집안일 하랴 허리 한 번 제대로 못 펴는 아내를 서로가 알아주지 않는다면 누가 알아주겠는가. 가끔이라도 상대방의 입장이 되어 서로를 바라보고, 배우자의 마음을 이해하려고 노력해 보자. 입장을 바꾸는 순간 분노는 '안쓰러움'으로, 억울함은 '미안함'으로 바뀌게 될 것이다.

넷째 평소 부부 관계 통장 잔고를 풍족하게 만든다

헝가리의 가족치료전문가인 보스조르메니 나지 교수는 결혼한 부부 간에는 눈에 보이지 않는 '관계 통장'이 존재한다고 말한다. 관계 통장에 잔고가 얼마느냐에 따라 두 사람이 죽고 못 사는 부부가 되기도 하고 죽지 못해 사는 부부가 되기도 한다는 것이다.

은행 통장과 마찬가지로 관계 통장에도 입금과 출금이 있다. 관계 통장에서 입금이라 함은 상대방에 대한 배려, 이해, 사랑 등이고 출금은 잔소리, 비난, 경멸, 무관심, 회피 등이다. 평소에 자주 부부 관계 통장 잔고를 확인해서 부족하면 채워 넣고 넘치면 빼내는 융통성을 발휘해 보자.

다섯째 서로의 자존심을 지켜준다

직장에서는 가족의 생계를 위해 더럽고 치사해도 어쩔 수 없이 자존심을 버리고 일을 해야 할 때가 많다. 바깥에서 상처 입은 채로 집에 왔을 때 따뜻하게 감싸안아주고, 부드러운 말과 미소로 치유해주면 다시금 힘이 난다. 하지만 집에서까지 자존심을 깎아내리고 짓밟아 버리면 배우자는 갈 곳이 없다. 당연히 마음 둘 곳을 찾아 방황하게 된다. '팔은 안으로 굽는다'는 말도 있듯이 내 남편, 내 아내를 감싸고 자존심을 지켜주자. 누가 뭐라고 해도 내 남편, 내 아내가 최고임을 잊지 말아야 한다.

여섯째 매해 건강 검진을 함께 받는다

'건강을 잃으면 모두 잃는다'는 말이 있듯 건강에 대한 중요성은 아무리 강조해도 지나치지 않다. 아무리 부부 사이가 좋아도 배우자 한 명이 건강을 잃으면 부부 관계는 엇박자를 낼 뿐만 아니라 집안 분위기도 어둡고 무겁다. 건강을 잃은 뒤에 '그때 좀 더 신경 쓸 걸…', '운동 좀 할 걸…' 하고 후회하지 말고 지금부터라도 배우자의 건강을 위해 신경을 써보자. 매년 함께 건강 검진을 받고 결과에 따라 건강 포트폴리오를 짜며, 함께 운동을 하다 보면 부부 건강뿐만 아니라 관계까지도 건강하고 튼튼해질 것이다.

일곱째 연애 마인드를 가진다

연애할 때에는 함께 있는 것 자체가 행복하고 좋았다. 머릿속에는 온통 상대방을 어떻게 하면 기쁘게 해줄 수 있을까를 생각하고, 이야기에 집중해주고 적극적으로 마음을 표현했다. 하지만 결혼을 하고 시간이 지날수록 연애 때와는 정반대로 행동한다. 배우자를 위해 뭔가를 해주기보다는 받기를 원하고 이야기를 들어주기보다는 먼저 이야기하고, '말 안 해도 알겠지!' 하는 생각으로 속마음을 적극적으로 표현하지도 않는다. 그러다 보니 어느 순간 오해와 갈등이 생기게 되고 이를 적절히 해소하지 못함으로써 부부 관계는 급속도로 나빠진다.

    부부 관계를 회복하고 싶다면 잃어버렸던 연애 마인드를 다시 끄집어내야 한다. 이를 위해서는 함께 데이트할 때 즐겨 찾던 곳을 가본다거나 추억의 사진을 꺼내 이야기를 나누는 것도 좋다. 연애 마인드만 살아나도 부부 관계는 훨씬 달콤해진다.

BONUS

캐나다 오타와대학교의 심리학과 수전 존슨 교수의 유대감을 강화시키는 7가지 대화법

1. 제1대화법 '파악하기'

부부는 유대감이 사라지면 배우자를 공격하거나 비난하며 때로는 회피하기도 한다. 즉 〈공격/공격〉, 〈공격/회피〉, 〈회피/회피〉 등의 대화 방식을 택하는데 이러한 대화 방식이 지속되면 부부는 감정을 공유할 수 없어 문제를 해결하지 못하므로 평소 우리 부부의 대화 방식이 어떠한지 먼저 파악해야 한다.

2. 제2대화법 '상처의 뿌리 찾기'

상처의 뿌리를 찾아 치유하지 않으면 부부 관계는 계속 어긋나고 만다. 부부는 각자의 상처의 근원이 무엇인지 알고 배우자에게 자신의 상처에 대해 표현해야 한다. 화를 내는 대신 자신의 아픔을 솔직하게 드러낼 수 있을 때 배우자도 이해하고 다가올 수 있다.

3. 제3대화법 '갈등의 시작으로 돌아가기'
연극 등을 통해 갈등 상황을 직접 재연함으로써 자신의 이전 모습을 돌아보고 반성하며 자신이 배우자에게 미친 영향을 깨닫는다.

4. 제4대화법 '요청하기'
자신이 가장 두려워하는 것과 배우자에게 원하는 것이 무엇인지 배우자에게 솔직하게 이야기한다. 자신의 애착 욕구 예를 들어 "안아달라.", "사랑한다고 말해달라." 등을 부드럽게 요청한다.

5. 제5대화법 '용서하기'
과거 배우자에게 받은 상처에 대해 서로 허심탄회하게 이야기하며 진심으로 용서를 빌고, 용서를 해줌으로써 마음속 상처를 치유한다.

6. 제6대화법 '접촉하기'
부부 관계를 강화시키는 데 성 관계만큼 좋은 것도 없다. 성 관계와 관련해 자유롭게 표현하고 나눌 수 있어야 부부 관계가 더욱더 견고해지고 탄탄해진다.
그러므로 서로 '성 관계'의 중요성을 깨닫고 적극적으로 표현함으로써 신체적, 정서적 유대감을 키워가야 한다.

⑦ 제7대화법 '유지하기'
회복된 사랑을 유지하기 위해서는 의식적인 노력이 필요하다. 서로의 단점보다는 장점을 찾고, 비난보다는 칭찬과 격려를 해주며 배우자에 대한 감정을 솔직하게 언어로써 표현하는 등 적극적으로 노력하면 충분히 관계는 좋은 상태를 오랫동안 유지할 수 있다.

살리는 언어
V.S.
죽이는 언어

 아이들이 쓰는 언어를 보면 부모님의 언어 습관을 알 수 있다. 부모님이 평소 긍정의 언어, 살리는 언어를 많이 쓰면 아이의 입에서 나오는 언어도 바르고 예쁘지만 반대인 경우에는 아이의 언어도 거칠고 험하다.

 얼마 전 놀이터에서 만난 5살 꼬마가 친구의 장난에 "아이씨! 너 죽인다!"라고 소리를 꽥 질러 주변에 있던 사람들 모두 깜짝 놀란 적이 있었다. 무슨 뜻인지 모르고 평소 자주 들었던 대로 말했을 테지만 5살 아이의 곱디고운 입에서 나온 말 치고는 너무 거칠다.

가족끼리 서로를 살리는 긍정의 언어를 사용하자

부부 사이가 좋고 친밀도가 높은 가족과 그렇지 못한 가족의 가장 큰 차이점은 바로 '언어 사용'에 있다.

화목하고 사이가 좋은 가족은 늘 '감사해', '행복하다', '고마워요', '덕분에' 등이 들어간 긍정의 언어를 사용하지만 그렇지 못한 가족은 '시끄러워', '너나 잘해', '아이씨!', '너 때문에' 등 짜증과 불평, 불만이 가득한 부정적인 언어를 사용한다.

사람은 하루 평균 5만 마디의 말을 하는데 90% 이상이 남을 비난하거나 상처를 주는 부정적인 말이라고 한다. 그래서인지 요즘 아이들의 언어도 욕과 비속어를 섞지 않으면 대화가 안 될 정도로 심각하다. 만약 아이가 부정적이고 거친 말투를 쓴다면 "어디서 그런 말을 해!"라며 무조건 혼내기 전에 부모의 언어 습관부터 점검해 봐야 한다. 아이는 부모의 영향을 가장 많이 받기 때문이다.

말에는 사람을 살리고 죽이는 '기운'이 있다

사람이 사용하는 언어가 물 결정체에 영향을 미친다는 연구를 한 일본 학자가 쓴 《물은 답을 알고 있다》라는 책이 큰 주목을 받으면서 국내에서도 식물, 귤, 흰밥 등을 이용해 유사한 실험들을 진행한 적이 있었다. 긍정의 언어를 사용했을 때와 부정의 언어를 사용했을 때의 차이를 비교하는 실험이었는데 육안으로도 뚜렷하게 보일만큼 차이는 두드러졌다. 흰밥을 예로 들면 "예쁘네.", "사랑해.", "너는 어쩌면 이렇게 뽀얗고 예쁘니!" 등의 긍정어를 들은 밥은 시간이 지나도 거의 색깔 변화가 없었지만 "죽어 버려.", "재수 없어.", "꺼져." 등의 부정어를 들은 밥은 까맣게 변하고 곰팡이가 생겼다.

그만큼 사람의 말에는 살릴 수도 있고, 죽일 수도 있는 '기운'이 담겨 있다. 흰밥도 영향을 받는데 우리 아이와 남편 혹은 아내들은 얼마나 영향을 많이 받겠는가. 그러므로 평소 자신의 입에서 나오는 말들이 가족을 살리는 언어인지, 죽이는 언어인지를 점검해 보고 가급적 살리는 언어를 의식적으로 쓰려는 노력을 해 보자. 가족끼리 살리는 언어를 사용하는 문화를 만들려면 어떻게 해야 할까?

첫째 평소 많이 쓰는 말 찾아보기

사람마다 평소 자신이 많이 쓰는 말들이 거의 정해져 있다. 자신은 인지하지 못한 채 습관적으로 쓰는 경우가 많으므로 배우자나 아이의 도움을 받아 각자 많이 사용하는 말들을 쭉 적어보자.

적다 보면 자신이 죽이는 부정어를 많이 쓰는지, 살리는 긍정어를 많이 쓰는지 알 수 있다. 각자 자신의 언어 찾기를 해 보자.

둘째 하루에 한 가지씩 서로의 장점 찾아 칭찬하기

부부가 살다 보면 어느 순간부터 장점보다는 단점이 더 눈에 들어와 말과 행동이 곱게 나오지 않는다. 그러므로 의식적으로 매일 한 가지씩 장점을 찾으려는 노력을 해야 한다.

장점을 찾으려면 먼저 따뜻한 눈으로 '관찰'을 해야 되는데 관찰을 하다 보면 상대방에 대해서 몰랐던 새로운 사실을 발견하게 되는 경우들이 있다. 아이 역시 학부모가 아닌 엄마, 아빠의 눈으로 장점을 찾으려고 노력하다 보면 아이로부터 '살가움'이라는 예기치 않은 선물을 받을지도 모른다.

셋째 부정적인 언어를 긍정적인 언어로 바꾸기

"안 돼."를 "돼."로 "틀렸어."를 "틀림없어."로 "이것밖에 없어."를 "이만큼 있어."로 "안 될 거야."를 "하면 될 거야."로 평소 자주 쓰는 부정적인 언어를 긍정적인 언어로 바꾸는 연습을 해 본다. 아이가 어느 정도 의사소통이 가능하다면 아이를 포함해 가족이 머리를 맞대어 함께 대체 언어를 찾아보는 것도 의미 있는 가족 활동이 될 수 있다.

넷째 화나게 하는 언어, 행복하게 하는 언어 공유하기

각자 어떤 말을 들으면 화가 나거나 행복해지는지에 대해 함께 공유하는 시간을 갖는다. 실제로 상대방이 싫어하는지 모르고 혹은 습관적으로 어떤 말들을 해서 관계가 틀어지거나 큰 싸움으로 번지는 경우가 있다. 그러므로 서로 싫어하고 좋아하는 언어를 공유하는 것은 관계를 회복하는 데 큰 도움이 된다. 각자 상대방이 싫어하고 좋아하는 언어를 알았으면 기억해 두었다가 싫어하는 언어는 자제하고 좋아하는 언어는 많이 해주려고 노력하는 게 좋다.

다섯째 부정적인 생각이 들어오면 타임아웃 외치기

아무리 긍정적인 언어를 쓰기 위해 노력한다고 하더라도 일이 뜻대로 잘 되지 않거나 스트레스가 쌓이면 안 좋은 감정들이 올라오고 자신도 모르게 부정적인 언어들을 내뱉게 된다. 그러므로 평소 자신의 감정에 집중하기 위해 노력하고 부정적인 생각이 들어오려고 할 때 'STOP'을 외쳐 부정적인 생각이 들어오지 못하게 차단하는 것이 좋다. 그런 다음 긍정의 기운을 불어넣기 위해 노력한다. 밝고 긍정적인 사람을 만나거나 마음을 컨트롤할 수 있는 좋은 글귀를 읽는 것도 좋은 방법이다.

여섯째 미고사 의식적으로 사용하기

'미(미안해) 고(고마워) 사(사랑해)'만 가족 내에서 사용해도 분위기가 한결 부드러워진다. 미안할 때 "미안해."라고 말하고, 고마울 때 "고마워."라고 말하며, 사랑하는 마음이 들 때 "사랑해."라고 말할 줄 아는 가족은 행복하다. 처음에는 이렇게 표현하는 것이 쑥스럽고 어색하지만 한 번 의식적으로 노력해 보자. 부모가 자연스럽게 미고사를 사용하면 아이들도 자기들끼리 미고사를 사용하는 아름다운 모습을 볼 수 있다.

일곱째 감사하는 마음 갖기

감사하는 마음이 없으면 매사에 부정적으로 생각하고 말하기 쉽다. 그러므로 감사의 마음을 갖는 것이 무엇보다 중요한데 만약 감사하는 마음이 생기지 않는다면 하루에 딱 한 가지씩만 감사한 일을 찾아 적어보자. 바닥까지 갔던 소녀를 전 세계인이 기억하고 사랑하는 MC 오프라 윈프리로 만든 것도 하루 5가지씩 쓴 감사 일기였으며, 교통 사고로 전신의 55%에 3도 화상을 입은 후 기적적으로 살아난 작가 이지선 씨를 희망 전도사로 바꾼 것도 바로 '감사한 일 찾기'였다.

BONUS

가족을 살리는 언어 V.S. 죽이는 언어

1. 살리는 언어

"고마워.", "미안해.", "사랑해.", "잘하고 있어.", "괜찮아.", "이대로 좋아.", "훌륭해.", "믿어.", "든든해.", "너라면 충분히 할 수 있어.", "행복해.", "감사해.", "조금만 더 힘내보자.", "역시 최고야.", "집에서 먹는 밥이 제일 맛있어.", "옆에 있어 줘서 고마워.", "참 괜찮은 사람이야.", "멋있어.", "아직도 정말 예뻐!", "당신은 여전히 멋있어.", "엄마랑 아빠의 아들, 딸로 태어나줘서 정말 고마워.", "고생했어.", "다 당신 덕분이야.", "와, 많이 좋아졌는데!", "지금 모습이 딱 좋아."

2. 죽이는 언어

"네가 그러면 그렇지.", "짜증나.", "꺼져.", "재수 없어.", "참 나!", "넌 그래서 안 돼.", "하지 마.", "꼬라지 하고는….", "못 살아.", "그 정도밖에 못해?", "지겨워.", "정말 한심하다.", "너 보면 될 일도 안 돼.", "아이씨!", "꼴도 보기 싫어.", "원수가 따로 없네.", "됐어.", "그만 해.", "미쳤어?", "시끄러워!", "입 닥쳐.", "너나 잘해.", "미쳤지.", "제대로 하는 게 뭐니?", "바보 같으니라고.", "나가 죽어.", "옆집 아빠는(옆집 아이는)….", "말을 말자.", "너를 낳지 말았어야 했어.", "창피하다, 창피해."

부부 싸움, 현명하게 하자

　부부 싸움은 칼로 물 베기란 말도 이제 옛말이 된 듯하다. 요즘은 부부 싸움을 조금 과하게 했다 싶으면 바로 뉴스가 된다. 폭행은 기본이고 방화, 배우자 살인까지 있을 수 없는 일들이 벌어지고 있다. 심지어 자녀 앞에서 배우자에게 해를 가하는 경우도 있다. 부부라고 하기에는 너무도 끔찍하고 원수보다도 못한 인연이다. 평소 얼마나 서로 감정이 안 좋았으면 '순간'을 참지 못하고 돌이키지 못할 행동들을 하게 되는 걸까. 아마도 그동안 서로 쌓이고 쌓인 감정이 순간 폭발하면서 이성적인 판단까지 마비됐을 것이다.

감정이 격해질 때는 한쪽이 타임아웃을 외쳐야 한다

한 명이 흥분된 상태면 다른 한 명은 뒤로 잠시 빠지든지 '타임아웃'을 외쳐야 되는데 그렇지 않고 둘 다 감정이 격해진 채로 함께 있다 보면 큰 사고로 이어질 수 있다.

친정 아버지는 한이 참 많은 분이셨다. 누구보다 자존심도 세고, 명석한 두뇌와 뛰어난 사회성을 가졌음에도 불구하고 바로 위 형님의 압력으로 배우지를 못해 그에 대한 설움과 한을 늘 가지고 계셨다. 그러다 사는 게 팍팍하고 누군가 무심코 자존심이라도 건드린 날에는 설움, 울분, 한들이 주사로 터져 나왔다. 주로 만만한 가족이 타깃이었던 지라 필자가 어렸을 때 부모님은 참 많이 싸우셨다. 늘 참고만 있던 엄마가 참지 못하고 한 마디 하는 날에는 집안이 풍비박산이 되고는 했다. 다행히 친정 엄마의 현명함으로 별 탈 없이 위기 순간들은 잘 넘어갔지만 엄마는 지금도 종종 말씀하신다. "그때 내가 참지 않았으면 너희 아빠 성격에 뭔 일을 내도 냈을 거다."라고 말이다. 필자가 생각하기에도 당시 친정 아버지의 모습은 두려움 그 자체였다. 아마도 엄마가 조금이라도 감정 조절을 못 하고 아버지에게 맞서거나 싸웠으면 우리 가족의 행복은 거기서 끝났을 것이다. 젊었을 때 싸울 것 다 싸워서 이제는 애정만 남았다는 두 분은 현재 신혼 부부보다 더한 금슬을 자랑하신다.

그만큼 부부 싸움을 하더라도 적절한 타이밍에 감정의 브레이크를 밟아주는 건 가정의 평화와 행복을 위해 매우 중요하다.

부부 싸움 잘하는 비결은 가위(절제), 바위(원칙), 보(포용)

가급적 부부 싸움은 안 하는 것이 좋긴 하지만 때로는 부부 싸움이 서로의 관계를 더욱더 탄탄하고 굳게 만들어주는 역할도 하므로 필요하면 싸우되 대신 현명하게 잘 싸워야 한다. 부부 싸움 잘하는 대표적인 방법은 가위바위보를 잘하는 것이다.

'가위'는 욕설, 폭력, 비교, 무시 등을 절제하고 '바위'는 부부 사이에 지키기로 한 약속을 뚝심 있게 지키며, '보'는 배우자의 잘못도 품을 수 있도록 포용력을 키우는 것이다. 가위(절제), 바위(원칙), 보(포용)만 잘하면 관계를 위협하는 선을 넘지 않게 된다.

그렇다면 싸움에도 흔들리지 않은 탄탄하고 끈끈한 부부 관계를 만들려면 어떤 노력을 해야 할까?

첫째 행복한 추억 많이 만들기

평소 부부 간에 추억이 많으면 갈등이 있거나 싸움을 했을지라도 추억의 힘으로 다시금 관계를 회복할 수 있다. 하지만 함께 나눈 기억과 추억이 없으면 부부 사이에 조그마한 오해와 갈등만 있어도 관계는 금방 어긋나고 만다. 부부란 젊었을 때는 추억을 만들고 나이 들어서는 그 추억을 되씹으며 사는 관계다. 추억이라고 해서 뭔가 거창한 일을 해야 하는 것이 아니다. 함께 산책을 가고 운동을 하고, 장을 본 일상의 소소한 일들이 모여 훗날 아름다운 추억으로 기억된다. 그러므로 '너는 너', '나는 나' 식의 행동이 아닌 부부가 함께 할 수 있는 일들을 많이 만들어보자.

둘째 배우자에 대해서 제대로 알아가기

이탈리아 거장 레오나르도 다빈치는 "아는 것이 적으면 사랑하는 것도 적다."라고 했다. 많은 부부들이 서로에 대해서 많이 알고 있다고 생각하지만 의외로 배우자의 '진짜 모습'은 잘 모른다. 현재 보고 있는 배우자의 모습은 타고난 기질에 어릴 때 부모님의 양육 태도, 가정환경 등에 따라 만들어진 모습이다. 그러므로 배우자를 제대로 알려면 에니어그램이나 MBTI 등의 검사를 통해 정확한 기질과 배우자가 자라온 어릴 때 환경을 알 필요가 있다. 부부가 함께 '우리 부부만의 날'을 잡아 기질 검사도 하고 살아온 이야기도 진지하게 나누는 시간을 가져 보자. 서로를 알기 위해 노력한 만큼 배우자에 대한 이해심과 사랑도 깊어질 것이다.

셋째 '나'에 대해서 제대로 파악하기

배우자에 대해서 어느 정도 알았으면 자신에 대해서도 파악할 필요가 있다. 내가 생각하는 나는 실제 내 모습이 아닐 수도 있다. 내가 평소 잔소리가 많은 사람인지, 화를 잘 내는 사람인지, 상대방에게 지적을 잘 하는 사람인지 등 배우자가 나에 대해서 이야기하는 부분에 대해 기분 나쁘게만 생각하지 말고 나를 파악하는 중요한 자료로 활용해 보자. 만약 배우자가 "당신은 화를 너무 잘 내."라고 한다면 화가 날 때마다 수첩 등에 어떤 상황에서, 왜 화가 나는지 등을 기록해 보자. 이렇게 감정을 인식하는 것이 습관이 되면 감정을 다스리기도 한결 쉬워진다.

넷째 평소 극단적인 말 하지 않기

감정이 극해질 때마다 "꺼져!", "재수 없어!", "우리 이혼해!" 등의 말을 함부로 하다 보면 관계는 쉽게 어긋나고 마음속 상처가 깊어 회복하는 데도 시간이 많이 걸린다. 그리고 한 번 거칠어지기 시작한 말과 행동의 강도는 점점 높아진다. 나중에는 수습이 불가능할 정도로 극단적인 상황이 올 수 있으므로 평소 긍정적인 말, 칭찬의 말을 해주려고 노력한다. 만약 너무 화가 나서 욕이 하고 싶다면 "이 얼굴 잘생긴 남자야, 얼굴만 잘생기면 다야?", "이 예쁜 여자야, 얼굴만 예쁘면 다야?" 식으로 말을 돌려 표현하는 연습을 하다 보면 순간 웃음이 터져 나올 수도 있고 감정이 순화되면서 관계 회복 속도도 빨라진다.

다섯째 결혼생활에 관한 도서 읽기

남녀는 외형적인 모습 외에도 너무도 많은 것들이 다르다. 《화성에서 온 남자, 금성에서 온 여자》라는 책도 있듯이 여자와 남자는 각자 다른 세계에서 왔으니 서로 다른 것이 너무도 당연하다. 다름을 먼저 인정해야 한다. 가장 좋은 방법은 배우자가 나와 어떻게 다른지에 대해서 공부하는 것이다. 남녀 차이에 대한 책도 읽고 행복한 결혼생활에 관한 교육과 강의도 들으면서 끊임없이 배워야 서로에 대해서 이해할 수 있다.

여섯째 배우자에 대한 의무와 배려 되살리기

사람은 망각의 동물이다. 결혼 전 배우자의 마음을 얻으려고 했던 노력과 열정은 까맣게 잊고 어느 순간 받으려고만 한다. '나한테 이 정도는 해줘야 되는 것 아냐?'라고 생각하는 순간 갈등이 생기고, 관계는 어긋나고 만다. 받으려고만 하지 말고 먼저 사랑하는 마음, 따뜻한 눈빛, 존경심, 배려심 등을 배우자에게 보내주라. 배우자에게 나눠주면 나눠줄수록 배우자가 고스란히 되돌려줄 것이다.

일곱째 거리감 두기

행복한 부부 사이를 유지하기 위해서 적당한 거리감은 반드시 필요하다. 관계가 너무 가까우면 서로를 구속하게 되고 너무 멀어지면 마음도 멀어진다. 함께 할 수 있는 일은 함께 하되 각자의 공간, 시간 등은 인정하고 배려해주도록 한다. 늘 24시간 붙어 있을 때보다 부부가 알아서 자기만의 시간을 즐기고 재충전할 수 있을 때 부부 관계는 훨씬 더 좋아지고 배우자에 대한 이해심도 커진다.

BONUS

행복한 부부 사이를 유지하는 적당한 거리감

함께 있되 거리를 둬라 / 칼릴 지브란

함께 있되 거리를 둬라
그래서 하늘 바람이 너희 사이에서 춤추게 해라

서로 사랑하라 그러나 사랑으로 구속하지는 마라.
그보다 너희 혼과 혼의 두 언덕 사이에 출렁이는 바다를 놓아 둬라.
서로의 잔을 채워주되 한쪽의 잔만을 마시지 마라.
서로의 빵을 주되 한쪽의 빵만을 먹지 마라.

함께 노래하고 춤추며 즐거워하되 서로는 혼자 있게 해라.
마치 현악기의 줄들이 하나의 음악을 울릴지라도 줄은 서로 혼자이듯이.

서로 가슴을 주라. 그러나 서로의 가슴속에 묶어 두지는 마라.
오직 큰 생명의 손길만이 너희의 가슴을 간직할 수 있다.
함께 서 있으라. 그러나 너무 가까이 있지는 마라.
사원의 기둥들도 서로 떨어져 있고
참나무와 삼나무는 서로의 그늘 속에선 자랄 수 없다.

아이를 혼내기 전
자신을 되돌아봐라

아이가 자신보다 더 나은 삶을 살기 바라는 건 모든 부모들의 소망이다. 그러다 보니 '엄마', '아빠'라는 이름의 많은 부모들이 아이에게만큼은 좋은 것을 먹이고, 입히고, 좋은 환경에서 공부시키기 위해 최선을 다한다.

하지만 이러한 바람이 지나쳐 자신이 못 이룬 꿈을 아이를 통해 성취하려는 부모들이 있다. 겉으로 보기에는 아이를 위해 모든 것을 희생하는 듯 보이지만 실제로는 아이를 통해 자신의 존재 가치를 확인하려고 하는 경우가 많아 아이가 자신의 뜻대로 따라오지 않으면 심하게 화를 내거나 심지어 폭행까지 일삼기도 한다.

자존감이 낮을수록 자식으로 존재 가치를 확인하려 한다

2011년, 모범생이었던 고3 아들이 친 엄마를 살해한 사건이 있었다. 전국 1등을 강요하며 심한 체벌을 일삼는 엄마에게 성적표를 조작한 사실이 들통날까 봐 전전긍긍하다가 이와 같은 행동을 저지른 것이다. 엄마에게 아들은 유일한 희망이자 꿈이었다. 어릴 때부터 엄마는 남편과 사이가 안 좋을 때마다 아이에게 몰입했고 결국 남편과의 불화로 떨어져 살기 시작하면서 아이의 성적에 더욱더 집착하기 시작했다. 아이가 공부를 잘하는 게 삶의 이유이자 목표였기 때문에 아이가 전국 1등이라는 성적표를 받아오지 않을 때마다 폭언과 폭행을 했던 것이다. 사건이 일어나기 전날에도 아이에게 엎드리라고 한 후에 야구 방망이로 때리며 무려 10시간을 체벌했다고 하니 아이가 얼마나 힘들고 무서웠을지 생각만 해도 가슴이 찌릿찌릿하다.

위의 사례만큼은 아니지만 필자 주변에도 아이의 성적이 곧 자신의 존재를 증명하는 가치인냥 아이의 공부에 올인하고 성적에 일희일비하는 부모들이 참 많다. 대부분 '아이를 사랑하기 때문에', '모두 아이를 위해서'라고 말하지만 엄밀히 따지고 보면 자신의 만족을 위해 아이를 하나의 도구로 이용하는 경우가 많다.

보통 자존감이 낮을수록 다른 사람과의 관계를 통해 자신을 추켜세우려는 경향이 있어 이런 사람이 부모가 되면 성적에 지나치게 집착을 하는 경우가 많다. 만약 스스로가 주변 사람들의 반응에 지나치게 신경을 쓰거나 아이를 통해 자신을 인정받고 싶은 욕구가 강하다고 한다면 자존감에 대해서 진지하게 생각해 볼 필요가 있다.

자존감이 높은 부모가 자존감 높은 아이를 기른다

　자존감이란 스스로 나 자신을 존중하고 사랑하며 내가 참 괜찮은 사람이라 인식하는 마음인데 자존감은 어릴 때 부모와의 원활한 애착 관계에서 형성된다. 자라면서 부모와 주변 사람에게 충분히 인정받고 사랑받으며 칭찬받고 자란 사람은 자존감이 높다. 스스로에 대한 만족도가 높기 때문에 굳이 다른 사람을 통해 자신의 가치를 확인하려고 하지 않는다.

　하지만 반대로 어릴 때 부모님으로부터 충분한 인정과 사랑을 받지 못 하고 자랐다면 자존감이 낮은 사람으로 자라 주변 사람들에게 지나치게 의존하거나 남의 시선을 신경 쓰는 경향이 짙다. 문제는 이 자존감이 대물림된다는 것이다. 자존감이 높은 부모가 아이를 키울 경우 아이의 자존감도 높지만, 그렇지 않을 경우 아이 역시 자존감 낮은 아이로 자랄 가능성이 크다. 하지만 자존감은 노력을 통해 얼마든지 바뀔 수 있다. 그러므로 이제부터라도 부모 스스로 자존감을 높이기 위해서 노력해 보자. 그렇다면 부모의 자존감을 높여 자존감 높은 아이로 키우려면 어떻게 해야 할까?

　첫째 어릴 때 자란 가정 환경에 대해 되돌아본다

부모님의 양육 태도는 내 삶에 고스란히 영향을 미친다. 부모님으로부터 충분한 애정과 보살핌을 받지 못 하고 학대나 무관심 혹은 지나치게 엄격한 분위기에서 자랐다면 낮은 자존감을 가진 어른으로 성장했을 가능성이 크다. 만약 어릴 때 상처가 떠오른다면 아프더라도 그 상처를 끄집어내서 위로하고 달래줘야 한다. 아팠을 어린 나에게 편지를 쓰거나 "그때는 많이 무섭고 힘들었지?" 하며 따뜻한 말을 건네본다. 어릴 적 상처가 치유돼야 낮아진 자존감도 다시 세울 수 있다.

둘째 있는 그대로의 모습을 인정한다

내가 현재 어떤 모습이든 있는 그대로의 모습을 인정해줄 필요가 있다. 이 세상에 태어나지 말았어야 하는 사람은 단 한 명도 없다. 분명 세상에 태어난 건 그만한 가치가 있기 때문이고 내가 이 땅에서 해야 할 일이 있음을 의미한다. 그러므로 내가 얼마나 특별하고 대단한 사람인지 스스로 인식할 필요가 있다. 그러기 위해서는 내 안에 있는 부정적인 인식 '난 원래 사람들에게 인기가 없는 사람이야', '난 원래 성격이 못됐어', '난 원래 게을러' 등의 부정적인 인식을 바꾸는 것이 중요하다. 나의 장점을 찾아 눈에 잘 띄는 곳에 적어놓는다거나 "나는 내가 좋다! 나는 내가 참 좋다! 나는 멋진 사람이다!"라고 나를 인정하는 말을 스스로에게 큰소리로 끊임없이 해주는 것도 좋은 방법이다.

셋째 아이에게서 발견한 나의 모습을 고쳐주려고 애쓰지 않는다

자존감이 낮은 부모는 아이를 통해 자신을 보기 때문에 자신의 부족한 점이나 안 좋은 모습을 아이에게서 발견하면 이를 고쳐주려고 애를 쓴다. 가령 소심하고 내성적이어서 또래나 대인 관계에서 어려움을 느꼈던 부모라면 내 아이는 외향적이고 활동적인 아이로 컸으면 하고 바라게 된다. 그래서 아이가 어릴 때의 나처럼 소심하고 내성적이라면 지레 겁을 먹고 아이의 성향과는 상관없이 또래가 많은 곳에 아이를 밀어 넣거나 리더십 있고 활동적인 아이와 어울리도록 유도한다. 물론 내성적인 아이에게 다양한 또래 집단을 경험시켜주려는 의도는 좋지만 자칫 아이는 다른 친구들의 모습을 보며 더욱더 주눅 들고 위축될 수 있다.

아이는 하나의 독립체이다. 설령 아이에게서 나의 안 좋은 모습을 발견했다고 하더라도 나와 다른 행동 결과를 낳을 수 있으므로 아이를 있는 그대로의 모습을 인정하는 연습을 해 보자.

넷째 내 삶을 찾는다

자존감이 낮으면 아이를 통해 스스로의 존재 가치를 입증하고 싶어 자신의 삶도 포기한 채 교육에 올인하는 경우가 있다. 하지만 공부도 재능이라는 말이 있듯이 공부가 맞는 아이들이 있고 그렇지 않은 아이도 있다. 그러므로 무조건 공부를 강요하기보다는 아이가 잘하는 것이 무엇인지 관찰할 필요가 있다. 그러려면 아이와 적당한 거리를 유지하는 노력이 반드시 필요하다.

가장 좋은 방법은 부모가 '아이 바라기'에서 자신의 삶을 소중히 여기는 자세로 탈바꿈하는 것이다. 내 인생을 찾고 웃음과 여유로움을 찾아야 아이의 진짜 모습을 볼 수 있다. 또한 열정적으로 사는 부모의 모습은 아이에게 큰 동기부여가 될 수 있다.

다섯째 '남 탓' 하는 습관을 버린다

자존감이 낮은 사람은 현재 자신이 처한 환경을 모두 '남 탓'이라고 생각해 끊임없이 다른 사람들의 흉을 보는 경향이 있다. 앞에서 하지 못할 말은 뒤에서도 하지 말란 말이 있듯이 뒤에서 상대방의 흉을 보기보다는 가급적 상대방의 좋은 점을 발견해 이를 칭찬하고 내 것으로 수용하려는 긍정적인 태도를 갖는 것이 중요하다. 영국 스태포드셔 대학교의 제니퍼 콜 박사팀이 '남에 대해 좋은 이야기를 많이 하는 사람들은 그렇지 않은 사람들보다 자신에 대한 자존감이 훨씬 높다'라는 연구 결과를 밝혔듯이 스스로와 다른 사람들에 대한 긍정적인 말과 행동은 자존감을 높이는 좋은 방법이다.

여섯째 육아 자체를 즐긴다

육아가 너무도 힘든 부모는 아이가 원하는 것이 무엇인지 관찰하고, 따뜻하게 웃어주며 포근하게 안아주지를 못한다. 만약 육아 자체가 공포로 다가오거나 너무 힘들다면 마음속 불안감이나 우울감이 지나치게 커져 그럴 수도 있으니 반드시 전문가의 상담을 받아야 한다. 이렇게 육아로 힘든 시간이 영원할 것 같지만 따지고 보면 길어야 5~6년이다. 아이들은 언젠가 부모의 품을 떠나기 마련이다. 그러므로 가급적 아이와 함께하는 순간순간을 즐기려고 노력해 보자. 부모가 아이와 함께한 시간을 즐거워하고 소중히 여기면 부모의 정서적인 행복 지수도 올라가지만 아이도 부모에게 충분히 사랑받고 있다고 느껴 자존감이 높아진다.

일곱째 나를 사랑하는 연습을 한다

자존감이 낮은 사람들은 자신을 비하하고 스스로를 존중하지 못하기 때문에 늘 위축되어 있다. 그러므로 나를 인정하고 사랑받을 만한 가치가 있다고 생각하는 게 중요하다. 하지만 생각만으로는 잘 되지 않는다. 나를 사랑하는 구체적인 계획이 필요하다. 하루에 세 번 나를 칭찬하기, 잠들기 전 감사 일기 쓰기, 속상하고 힘들어 누군가에게 위로받고 싶을 때 스스로 이름을 부르며 위로하기 등 나와 친해질 수 있는 방법들을 찾아 매일매일 실천해 보자. 나를 사랑하는 연습이 습관이 되려면 최소 3주가 걸리고 자동화되는 데는 두세 달이 걸리므로 꾸준히 실천하는 게 무엇보다 중요하다.

BONUS

자존감 높은 아이로 키우는 육아법

1. 아이를 인격적으로 존중한다

많은 부모들이 아이를 소유물로 생각하거나 혹은 자신의 마음대로 해도 된다고 생각해 아이가 뜻대로 움직여주지 않을 때 화를 내거나 비난하는 경우가 있다. 하지만 아이들은 하나의 인격체로서 존중해줘야 한다. 아이가 하는 일이나 말을 무시하는 대신 늘 함께 대화하고 충분히 사랑해주며 아이의 의사 결정을 이해하고 수용해줘야 한다. 간혹 존댓말하는 것으로 아이를 존중해줬다고 생각하는 부모가 있으나 존댓말에서 그치지 않고 아이가 존중받고 있다고 느낄 정도로 말과 행동에 있어서 열린 마음을 가질 필요가 있다.

2. 아이에 대한 지나친 욕심을 버린다
기대가 크면 실망도 큰 법이다. 지나치게 아이에게 욕심을 부리는 순간 아이도 부모도 힘들어진다. 그러므로 엄친아 혹은 상상으로 만든 완벽한 아이에 대한 환상은 버리고 현실적으로 내 아이를 바라보고 아이에게 맞는 목표를 정해줘 스스로 성취감을 느낄 수 있도록 도와준다.

3. 아이의 잠재 능력을 믿는다
아이들은 뛰어난 잠재력을 가지고 태어난다. 잠재력이 발현되느냐 안 되느냐는 부모의 양육 태도에 달려 있다. 부모가 먼저 아이의 능력을 믿고 기다리면 아이는 언젠가 자신의 몫을 다하지만 그렇지 않으면 잠재 능력은 사장되고 만다. 세계적인 천재 과학자 에디슨과 아인슈타인은 어릴 때부터 저능아 소리를 들을 정도로 또래에 비해 발달이 늦고 늘 사고만 치는 사고뭉치였다. 하지만 그들의 부모는 "너는 다른 사람들이 갖지 못한 특별한 능력을 가졌다."고 격려하며 잠재력을 믿고 끝까지 포기하지 않아 오늘날 그들을 만들었다.

4. 비교하지 않는다
누군가와 비교되는 것만큼 기분 나쁜 일도 없다. 비교 대상이 한 집에 사는 형제라면 더욱더 그렇다. 부모는 아이에게 자극을 주고자 비교를 하곤 하는데 자극은커녕 오히려 비교 대상인 형제에게 적대심만 키울 수 있다. 유대인 격언에는 "형제의 머리를 비교하면 양쪽 다 죽이지만 형제의 개성을 비교하면 양쪽을 다 살릴 수 있다."는 말이 있다. 한 부모 아래 태어난 형제라도 각자 개성이 다르므로 이를 인정하고 잘 살려주기 위해 노력한다.

5. 문제 행동을 통한 SOS 신호를 무시하지 않는다
아이들이 문제 행동을 하는 데에는 반드시 이유가 있기 마련이다. 표면적인 아이의 행동만 보고 혼내거나 윽박지르는 대신 원인을 찾기 위해 노력할 필요가 있다. 그러기 위해서는 부모는 아이의 속마음을 읽어내는 예민함을 갖추어야 한다. 아이의 문제 행동의 원인이 욕구 불만인지, 애정 결핍인지, 외부 스트레스인지 관찰을 통해 파악해야 한다. 만약 잘 모르겠으면 아이가 어떤 상황일 때 그러한 행동을 하는지 기록해 보는 것도 좋다. 일주일치 기록을 보면 대충 아이의 행동 패턴과 원인을 알 수 있다.

6. 자율성을 인정하되 안 되는 것은 단호하게 알려준다
아이가 자신의 의지대로 하고 싶어 하는 것은 마음껏 할 수 있게 허용하되 안 되는 것은 처음부터 규칙을 정해 단호하게 "안 된다."고 말해준다. 단 "안 된다."라는 규칙이 너무 많으면 아이의 반발심을 키울 수 있으므로 아이의 안전이나 생명에 위험이 되는 것이 아니면 가급적 스스로 탐색하고 도전하는 과정을 통해 실패와 성공을 경험할 수 있도록 도와주는 게 좋다.

7. 혼을 낼 때에는 해결책까지 제시해준다
아이가 잘못된 행동을 했을 때 무조건 혼내기만 하면 아이는 다음부터 어떻게 해야 하는 것이 맞는지 모를 수 있다. 그러므로 아이가 잘못했을 경우에는 먼저 아이의 잘못된 점을 지적한 후 왜 그러한 행동을 했는지에 대해 아이의 생각을 먼저 들어보는 것이 좋다. 부모를 화나게 하려고 일부러 잘못을 저지르는 아이는 없기 때문이다. 그런 상황에 따라 다음부터 어떻게 하면 좋을지에 대해서 함께 해결 방법을 찾거나 부모가 해결책을 제시해주는 편이 좋다.

부모는 아이에게
최고의 롤 모델이다

부모들이 흠칫 놀랄 때가 아이에게서 자신의 모습을 발견할 때이다. 자신이 하는 말투, 표정, 몸짓 심지어 습관까지 똑같은 아이를 보고 있노라면 '아이 앞에서 말과 행동을 정말 조심 해야겠다'라는 생각이 든다.

많은 부모들이 자신이 아이에게 하는 말투와 행동 그대로 하며 동생을 혼내거나 다른 사람에게 하는 모습을 보면 섬뜩하다고 말한다. 아이에게 부모는 세상 전부이자 우주이기 때문에 아이는 보고 듣는 대로 스펀지처럼 모두 빨아들인다. 오죽 했으면 '아이 앞에서 찬물도 함부로 마시지 말라'는 속담이 있을까.

    필자 역시 어릴 때를 생각하면 생생하게 떠오르는 기억이 있다. 당시 슈퍼를 해서 큰 문어다리를 팔았는데 엄마가 자주 다리 한 개씩을 뜯어서 드시는 모습을 봐 왔던지라 자연스럽게 '다리 하나씩은 뜯어 먹어도 되는구나'라는 생각이 들었다. 그래서 혼자 가게를 볼 때면 다리를 한 개씩 뜯어 먹었다. 그것도 너무 티가 나게 말이다. 다리가 찢겨 있다는 손님의 항의로 엄마에게 발각된 필자의 행동은 거기서 종지부를 찍었지만 솔직히 그때는 '엄마도 그랬으면서 왜 나만 혼내?' 하고 엄마를 이해할 수 없었다. 나중에 알고 보니 엄마는 보기 싫게 길게 튀어나온 부분을 제거 차원에서 뜯은 거였는데 필자는 그것도 모르고 생다리를 뜯었으니 엄마에게 혼날 법도 했다.

존경을 받는 부모는 아이의 삶에 선한 영향력을 끼치는 부모

    "난 엄마처럼 아빠처럼 살지 않을 거야!" 하고 이를 악물고 다짐을 해 보지만 결국 그토록 싫어했던 부모님의 모습을 닮아 있는 스스로를 볼 때면 절망스럽다. 말투, 표정, 몸짓, 생각, 가치관 등은 부모님의 영향을 그대로 받았기 때문에 웬만큼 노력해서는 원하는 대로 바꾸기 쉽지 않다. 그만큼 대를 이어 전해지는 '세대 전수'가 무서운 법이다.

    내가 우리 부모님의 영향을 받았듯 우리 아이들은 나의 영향력을 받아 또 그 자식들에게 영향을 끼칠 것이다. 그러므로 어차피 끼칠 영향이라면 내 아이에게 '선한 영향력'을 끼치는 부모가 되어야 한다.

아이가 훗날 부모를 기억할 때 '본받을 만한 것이 많은 부모', '내가 가장 존경하고 닮고 싶은 부모'로 기억할 수 있다면 그 부모의 인생은 성공한 것이나 마찬가지다.

"이 세상에서 가장 존경하는 사람이 누구니?"라는 질문에 우리 아이가 당당히 "부모님이요."라고 말할 수 있도록 하려면 어떻게 해야 할까?

첫째 열심히 사는 모습 보이기

아이에게 정직하고 열심히 사는 모습을 보이는 것만큼 중요한 것도 없다. 이때 중요한 점은 아이의 매니저 역할이 아닌 '내 삶' 자체에 충실하는 모습이다.

나는 누구보다도 소중한 존재이다. 내가 나를 잃어버리면 아이도 배우자도 아무런 의미가 없다. 그러므로 내 삶을 소중히 여기며 열심히 살면 아이들은 그 부모의 모습을 통해 자연스럽게 경험과 지혜를 전수받아 사회의 발전에 한몫을 해내는 아이로 성장할 수 있다. 아이들은 부모의 말이 아닌 부모의 뒷모습을 보고 자란다. 이제는 말이 아닌 행동으로 보여주자.

둘째 욕 하지 않기

자식들에게 욕을 하는 부모들이 꽤 있다. 심한 쌍욕은 아니더라도 "이 가시내야!", "이놈의 새끼가!", "이 자식이!", "아이씨!", "이 년이!" 등 일상 속에서 아무렇지도 않게 사용하는 경우들이 있는데 잦은 욕설은 아이들에게 치욕감을 줄 뿐 아니라 입이 거친 아이로 자라게 만들

확률이 높다. 그러므로 평상시에 아이에게 거칠게 말한다면 앞으로는 순화해서 예쁘게 말하는 습관을 들이자. 내가 아이에게 했던 말은 아이가 컸을 때 그대로 내게 되돌아옴을 기억한다.

셋째 쓰레기 함부로 버리지 않기

과자나 아이스크림을 먹고 봉지를 바닥에 그대로 버리는 아이들이 의외로 많다. 어릴 때부터 부모님이 아무렇지 않게 바닥에 쓰레기를 버리는 모습을 봐왔기 때문이다.

심지어 "우리가 이렇게 버려서 길거리가 더러워야 청소하시는 분들도 할 일이 있는 거야."라고 말하는 어른도 있고 야외에 놀러가서 먹고 남은 음식 쓰레기들을 그 자리에 그대로 두고 오는 어른들도 있다. 이런 부모 밑에서 인성 좋은 아이가 자랄 리가 없다. 더불어 사는 사회에서 인정받는 아이로 키우고 싶다면 쓰레기 버리지 않는 작은 습관부터 만들어줘야 한다. 그러기 위해서는 부모가 먼저 모범을 보여야 함은 당연하다.

넷째 교통질서 잘 지키기

아이들과 길을 가다 가장 민망할 때가 교통질서를 지키지 않은 어른들을 볼 때이다. 빨간불인데도 아무렇지도 않게 길을 건너고, 교통신호를 무시하고, 운전자들끼리 서로 욕설을 하며 싸우는 모습들을 볼 때면 같은 어른으로서 너무 부끄러워진다.

아이 앞에서 "교통질서를 잘 지켜야 된다!"라고 당당하게 말하려면 부모가 먼저 교통질서를 잘 지키는 모습을 보인다. 빨간불에서 초록불로 바뀌는 데 1분 내외의 시간이 든다. 이 1분이 내 인생을 송두리째 바꾸는 상황을 만들지 않는다.

다섯째 아이 앞에서 담배 피우지 않기

아이 앞에서는 물론이고 밀폐된 차나 방 안에서 담배를 피우는 아빠들이 있다. 아이의 건강에도 해롭지만 아이의 흡연 습관에도 영향을 미친다. 아빠가 흡연을 하면 자녀 역시 흡연자가 될 가능성이 높다. 실제로 아빠가 흡연할 경우 자녀가 흡연할 확률은 90%가 넘는다.

간접 흡연을 비롯해 흡연이 건강에 해롭다는 것은 다 알고 있는 사실이다. 나는 끊지 못하더라도 내 아이를 위험한 환경에 노출시켜서는 안 된다. 가급적 담배를 줄이되 아이 앞에서는 절대 담배 피우지 않는다. 사랑스러운 아이가 담배를 피울 때처럼 과자를 손가락에 끼워서 먹는 모습을 보고 싶지 않다면 지금 당장 끊는 것도 좋은 방법이다.

여섯째 주변 사람들에게 피해주지 않기

이 세상은 아무리 가진 게 많고 능력이 뛰어나다고 하더라도 혼자서는 살 수 없다. 이웃들과 더불어 살아야 내 삶도 행복해지고 풍성해진다. 다른 사람들과 함께 어울려 살려면 주변 사람들에게 피해를 주지 않아야 한다. '내 돈 가지고' 혹은 '내 집에서 내 마음대로도 못하느냐'고 목에 핏대 세우면서 이웃과 다투는 모습을 보여주기보다는 가급적 이웃에게 피해를 주지 않도록 늘 배려하고 조심하는 모습을 보여주자. 내가 미운 행동을 하면 내 아이는 동네에서 미운 오리 새끼가 됨을 기억한다.

일곱째 우리 집에 오는 사람 극진히 대접하기

누가 됐든 우리 집에 왔던 사람이 문을 열고 나갈 때에는 기분 좋게 만들어줘야 한다. 화가 나서 혹은 상처받고 나가면서 뱉은 말들은 고스란히 우리 가족에게 돌아온다. 사람들의 원망으로 가득찬 집이 잘 될 리 없다. 집에 놀러온 손님이나 가스 검침, 에어컨 설치, 정수기 관리 등 잠시 일보러 왔다 간 사람일지라도 따뜻한 미소와 함께 마실 것을 드리고 문 앞까지 인사하는 등 극진히 대접하는 것이 좋다. 물 한 잔도 쟁반에 받쳐 정성스레 대접하는 모습을 보고 자란 아이들은 부모에게도 늘 정성으로 대한다.

BONUS

명문가의 자녀 교육법

1. 경주 최부자집의 육훈과 육연

가훈: 육훈
첫째, 과거를 보되 진사 이상은 하지 말 것
둘째, 만석 이상의 재산은 모으지 말 것
셋째, 과객을 후하게 대접할 것
넷째, 흉년에는 재산을 늘리지 말 것
다섯째, 최 씨 가문 며느리는 시집온 지 3년 동안은 무명옷을 입을 것

여섯째, 사방 백 리 안에 굶어 죽는 사람이 없게 할 것

처세: 육연
자처초연(自處超然): 집착에서 벗어나 자기에게 초연하고
처인초연(處人超然): 남에게 항상 부드럽고 온화하게 대하며
무사초연(無事超然): 일이 없을 때에는 마음을 맑게 가지고
유사참연(有事嶄然): 일을 당해도 용감하게 대처하며
득의담연(得意澹然): 성공했을 때 오히려 담담하게 행동하고
실의태연(失意泰然): 실의에 빠졌을 때는 태연하게 행동하라.

2. 케네디 가의 자녀 교육 10훈
① 아이의 육아 일기와 독서록을 만들고 철저하게 점검한다.
② 시간 약속을 지키는 습관을 길러둔다.
③ 사업상 일어난 일들을 아이들에게 자주 들려준다.
④ 함께 식사를 하면서 자연스럽게 토론할 수 있는 분위기를 만든다.
⑤ '1등을 하면 무시당하지 않는다'는 세상의 법칙을 가르쳐 준다.
⑥ 어려움에 처할 때는 아이의 편에 서서 해결해준다.
⑦ 명문대에 진학해 최고의 인맥 네트워크를 쌓게 한다.
⑧ 처음에는 서툴러도 열심히 반복하면 최고가 될 수 있다고 가르친다.
⑨ 목표는 크게 정하되 서둘지 말고 단계적으로 실현하도록 지도한다.
⑩ 부모·형제끼리 화합하고 서로 자기 일처럼 챙기게 한다.